TRAITÉ

THÉORIQUE ET PRATIQUE

LA PHOTOGRAPHIE

SUR COLLODION

SUIVI D'ÉLÉMENTS DE CHIMIE ET D'OPTIQUE

appliqués à cet art,

Par A. BELLOC,

Professeur de Photographie.

A PARIS,

CHEZ L'AUTEUR, RUE D'ENGHIEN, 24,

A la Maison centrale de Photographie, DELAHAYE, chimiste, 16, rue de Lancry,

Au bureau du COSMOS, 18, rue de l'Ancienne-Comédie.

1854.

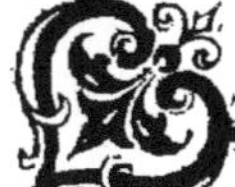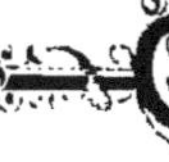

IMPRIMERIE DE W. REMQUET ET Cᵉ

rue Garancière, 6, derrière Saint-Sulpice.

TRAITÉ

THÉORIQUE ET PRATIQUE

DE

LA PHOTOGRAPHIE

SUR COLLODION

SUIVI D'ÉLÉMENTS DE CHIMIE ET D'OPTIQUE

appliqués à cet art,

Par A. BELLOC,

Professeur de Photographie.

———∞———

A PARIS,

CHEZ L'AUTEUR, RUE D'ENGHIEN, 24,

A la Maison centrale de Photographie, DELAHAYE, chimiste, 16, rue de Lancry,

Au bureau du COSMOS, 18, rue de l'Ancienne-Comédie.

1854.

PRÉFACE.

Ars longa, vita brevis, experientia fallax :
l'art est long à apprendre, la vie courte, l'expérience trompeuse.

Vraie pour tous les arts, cette vieille maxime est
plus vraie encore dans son application à l'art merveilleux, mais éminemment difficile de la photographie.

J'ai longtemps combattu la pensée d'ajouter

mon nom à ceux de tant d'écrivains ou d'artistes qui ont traité de la photographie, ou publié leurs procédés photographiques ; mais la nécessité d'un texte pour mes leçons, d'un manuel opératoire qui les résumât et les continuât m'a paru tous les jours plus urgente, et je cède définitivement aux désirs de mes nombreux élèves.

Je cède, parce que j'ai la conviction profonde que ma méthode de photographie sur collodion, lentement élaborée par un travail de plusieurs années, perfectionnée par une application incessante et de tous les jours, éprouvée, et j'oserai presque dire illustrée par les belles épreuves en nombre si considérable dont elle a enrichi mon album et mes collections, mérite de prendre sa place au grand jour.

Elle est simple et facile, elle permet d'opérer sans peine, et, ce qui est énorme, d'opérer à coup sûr : il me semble difficile d'obtenir par d'autres moyens des négatifs plus vigoureux et des positifs plus fidèles.

Voilà bien, dira-t-on sans doute, le ton d'assurance et de confiance en soi qui appartient à tous les nouveaux venus ; mais tous les nouveaux venus n'ont pas eu le bonheur de grouper autour d'eux plus de 600 élèves de toutes les nations : très-peu pourraient se féliciter d'avoir fait école, d'avoir été consultés et remerciés de leurs conseils par des amateurs déjà célèbres en Angleterre, en Allemagne, en Amérique, en France.

J'ai eu cet honneur, et ce livre n'est que l'écho ou le mémorial des leçons que j'ai faites, des consultations auxquelles j'ai répondu.

Que l'on n'y cherche pas des découvertes, je n'ai aucune prétention au titre d'inventeur ; je n'ai pas plus inventé ma méthode que l'abeille n'invente son miel ; ce miel, elle en trouve la matière toute préparée dans le calice des fleurs, elle l'extrait et elle l'élabore ; j'ai extrait aussi et j'ai élaboré : mes fleurs à moi, ce sont les pères et les maîtres de la photographie ; et qu'on me pardonne si j'ai la prétention, singulière peut-être, mais ir-

1.

résistible, de consacrer ici leurs noms en faisant à mon tour et à ma manière l'histoire de la photographie.

On ne sait pas assez que cet art, une des plus belles inventions modernes, n'est pas l'œuvre d'un seul, que ce n'est pas une autre Pallas sortie tout armée du cerveau d'un autre Jupiter, mais bien un arbre magnifique, un cèdre géant qui a grandi peu à peu, qui a conquis chaque année de nouvelles branches et de nouvelles feuilles : ce qui me donne le courage d'y apporter, moi aussi, mon petit rameau, mon humble feuille, ou, pour mieux dire, la goutte d'eau, la parcelle nutritive, qui le feront pousser et se développer davantage.

HISTOIRE

DE

LA PHOTOGRAPHIE.

HISTOIRE

DE LA PHOTOGRAPHIE.

Le premier germe de la photographie jaillit en 1665, le jour où Scheele trouva que l'argent corné, la lune cornée des vieux alchimistes, le chlorure d'argent fondu des chimistes modernes, jouissait de la propriété de noircir à la lumière, d'autant plus vite que les rayons qui le frappaient étaient plus intenses.

La terre où ce germe pouvait éclore était déjà prête depuis que Léonard de Vinci et Jean-Baptiste Porta avaient inventé la chambre obscure.

La photographie commença à se manifester en 1802, époque à laquelle l'illustre Davy publia, en commun avec M. Wedgewood, la note si curieuse qui a pour titre : *Description d'un procédé pour copier des peintures sur verre et pour faire des silhouettes, par l'action de la lumière sur le nitrate d'argent ;* note où l'on trouve ce passage mémorable : « On a essayé aussi de copier des paysages avec la lumière de la chambre obscure..., elle est trop faible ; mais on peut, à l'aide du microscope, faire copier sans difficulté sur du papier préparé les images des objets. »

La photographie naquit et naquit viable en 1824, lorsque Joseph Nicéphore Niepce parvint définitivement à fixer sur des écrans métalliques préparés au baume de Judée, les images de la chambre noire, que l'essence de lavande faisait apparaître et fixait. Le traité signé le 14 novembre 1829 entre Niepce et Daguerre, qui dit expressément que leur association a pour but le perfectionnement de la découverte faite par Niepce, est formulé en ces termes : « Fixer par un moyen nouveau, sans avoir recours au dessinateur, les vues qu'offre la nature ; ce nouveau moyen consiste dans la reproduction spontanée des images reçues

dans la chambre noire : de nombreux essais con-
statent la découverte. » Ce même traité prouve
jusqu'à l'évidence qu'à cette époque Daguerre ne
possédait et ne donnait à la société que le *principe
sur lequel repose le perfectionnement qu'il a ap-
porté à la chambre noire*.

La photographie fut un jeune arbre, et commença à s'orner de fleurs et de fruits le 1ᵉʳ décembre 1837, quand Daguerre eut complétement résolu le magnifique problème de la fixation des
images formées au foyer des lentilles, et arraché à
Niepce ce cri d'admiration : « Quelle différence
entre le procédé que vous employez et celui avec
lequel je travaille ; tandis qu'il me fallait presque
une journée pour faire une épreuve, il vous faut
quatre minutes ! quel avantage énorme ! » Pourquoi faut-il que cette admirable découverte de
l'influence qu'exercent les vapeurs de mercure
pour faire apparaître l'image latente sur la couche
d'iodure, découverte qui n'est en réalité qu'un
perfectionnement de la méthode de Niepce, ait
amené la clause lamentable du nouveau traité signé
entre M. Daguerre et M. Niepce fils : « *Le procédé
inventé par Joseph Nicéphore Niepce... et perfec-
tionné par M. Louis-Jacques Mondé Daguerre*

portera le nom seul de Daguerre ! » Le monde entier a cru ainsi, et bien à tort, que Daguerre avait le premier reproduit spontanément, par l'action de la lumière avec les dégradations de teinte du blanc au noir, les images reçues dans la chambre obscure.

Nous ne saurions comment nous tirer d'embarras, si, pour résumer rapidement les développements ultérieurs du grand arbre de la photographie, nous ne considérions pas séparément les trois troncs parallèles : la photographie sur plaque ou Daguerréotypie, la photographie sur papier ou la Talbotypie, la photographie sur verre ou la Niepçotypie.

I. Photographie sur plaque ou Daguerréotypie.

Le 23 mars 1840, M. Hippolyte Fizeau présenta à l'Académie des sciences les premières images photographiques fixées et rehaussées de ton : le 10 août 1840, il fit connaître son procédé si ingénieux, qui consiste dans l'emploi à chaud du chlorure d'or. Placer les images daguerriennes, si fugitives, sous l'égide brillante du plus inoxydable des métaux, c'était un pas immense.

Le 1er mars 1841, M. Fizeau montra encore une contre-épreuve en cuivre d'une image photographique, obtenue par la galvanoplastie. Le 24 mai suivant, il produisait une épreuve métallique du moule formé par l'image daguerrienne.

Ces expériences tenaient du prodige.

Le 7 juin 1841, M. Claudet découvrit la première en date de toutes les substances accélératrices; il annonça que l'application successive de l'iode et du chlorure d'iode hâtait considérablement la production de l'image; qu'il avait obtenu des portraits en quinze ou vingt secondes. C'était, avec le fixage au chlorure d'or, le complément de la découverte de Daguerre.

Le 21 janvier 1841, M. Fizeau proposa, comme agent accélérateur, une dissolution très-étendue de brôme dans l'eau, ou *l'eau brômée titrée*. La durée de la pose, avec la chambre obscure de Daguerre, fut ainsi réduite à un quart de minute. On vit ensuite apparaître tour à tour la liqueur accélératrice de Reizer, la liqueur hongroise, etc.;

enfin, en 1845, le bromure de chaux de M. Bingham, le bromure d'iode à effet constant de M. de Valicourt, le chlorobromure de chaux de M. le baron Gros, etc., etc.

M. Donné déposa, le 6 avril 1839, dans un paquet cacheté, et publia, le 15 juin 1840, le premier procédé de gravure des images photographiques sur métal ; quelques mois plus tard, M. Fizeau donna une solution meilleure, mais imparfaite encore de ce difficile problème, poursuivi aussi par MM. Berres et Grove.

Le 7 février 1848, M. Ed. Becquerel obtint la première image photographique colorée du spectre solaire. Le 30 septembre 1850, M. Niepce de Saint-Victor perfectionna les procédés de M. Ed. Becquerel et produisit des images colorées, de gravures d'abord, de poupées, plus tard. Un Américain, M. Hill, annonça avec fracas, en 1851, qu'il avait découvert le moyen de fixer avec leurs couleurs naturelles toutes les images de la nature ; malheureusement, cette grande découverte n'a abouti qu'à un immense canard.

II. Photographie sur papier ou Talbotypie.

L'inventeur, aujourd'hui incontestable, de la photographie sur papier, c'est M. Fox Talbot.

La Talbotypie ou Claotypie consiste dans la production d'images photographiques sur papier, par double opération, par la formation successive de deux épreuves : la première, négative ou inverse, dans laquelle les noirs sont représentés par des blancs et les blancs par des noirs; la seconde, positive ou directe, où tout rentre dans l'ordre naturel. Cinq mois avant la divulgation des procédés de Daguerre, M. Talbot publia, dans le *Philosophical Magazine*, de mars 1831, la série complète de ses manipulations, et présenta en même temps, à la Société royale de Londres, une collection nombreuse et variée de dessins photographiques. Emploi, comme agent impressionnable ou générateur, de l'iodure d'argent sur papier négatif; emploi de l'iodure de potassium comme agent accélérateur, de l'acétonitrate d'argent comme agent sensibilisateur, de l'acide gallique comme agent révélateur, de l'acide acétique pour tempérer l'action de l'acide gallique ; de l'hyposulfite de soude comme agent fixateur, etc. M. Talbot avait tout inventé de 1834 au mois de mars 1839, avant la révélation du secret de Daguerre.

En 1847, M. Blanquart-Evrard apparut tout à coup à l'horizon et s'annonça à l'Académie des sciences comme possesseur d'une méthode de photographie sur papier, qu'il offrait de révéler, à la condition qu'elle serait publiée sous son nom, dans les comptes rendus de ses séances. On crut à un nouvel enfantement, ce n'était qu'une résurrection d'enfant mort-né. La méthode de l'habile photographe lillois n'était, au fond, que la méthode de M. Talbot, enseignée à Lille en 1844 par un de ses élèves, M. Tanner. Les principales modifications consistaient : 1° à plonger le papier dans les liquides générateurs et sensibilisateurs, au lieu d'étendre la couche sensible à l'aide d'un pinceau ; 2° à serrer entre deux glaces le papier chimique exposé à la chambre obscure, au lieu de l'appliquer simplement contre une ardoise.

Il serait injuste, cependant, de ne pas reconnaître que M. Blanquart-Evrard a rendu de trèsgrands services à la photographie sur papier, et qu'il a, le premier, résolu le double problème, dont la solution rendait possible une imprimerie photographique: 1° donner à volonté aux épreuves la coloration qui leur est la plus convenable, ou celle qui peut, à tort ou à raison, être exigée par le consommateur; 2° amener à l'état marchand les épreuves positives, entachées encore de quelques imperfections, c'est-à-dire trop pâles ou trop foncées. — Tandis que jusque-là on ne pouvait obtenir en un jour, d'un même négatif, que quatre ou cinq positifs, M. Blanquart-Evrard était parvenu à en produire jusqu'à trois cents : c'était évidemment ouvrir une ère toute nouvelle à la photographie.

La fondation, en février 1851, de la Société héliographique, et la création du journal la *Lumière,* deux œuvres excellentes de M. de Monfort, imprimèrent à la photographie un élan merveilleux, et l'on vit se réaliser coup sur coup des perfectionnements importants.

Le 7 février 1851, M. Régnault, de l'Institut, indiqua l'acide pyrogallique, comme bien préférable à l'acide gallique, et conseilla d'imprégner les papiers sous le vide de la machine pneumatique.

Le 1er mars, MM. Humbert de Molard et Aubré publiaient leur procédé à base ammoniacale.

Le 2 mars, M. l'abbé Laborde associa à l'acide gallique l'acétate de chaux.

Le 3 avril, M. Fabre de Romans proposa l'emploi du papier ciré, et M. Legray, qui avait depuis longtemps découvert ce même procédé, en avait fait le point de départ d'une méthode toute nouvelle de photographie par la voie sèche ou sur papier sec et dont les voyageurs photographes ont tiré un immense parti.

MM. Bayart et Blanquart-Evard, etc., marchèrent sur les traces de MM. Fabre et Legray, et les papiers revêtus d'albumine, de miel, de sérum, etc., furent proposés de tous côtés.

Le 27 mai 1852, M. Baldus conseilla de substituer la gélatine à la cire, et obtint par cette substitution des épreuves d'une finesse et d'une beauté remarquables, de dimensions vraiment extraordinaires, des épreuves qui furent et qui sont encore aujourd'hui, pour la photographie sur papier, un véritable triomphe.

III. Albumine. — Photographie sur verre albuminé ou Niepçotypie.

En 1847, M. Niepce de Saint-Victor, neveu du grand Niepce, eut l'heureuse idée de substituer le verre au papier dans la production des épreuves négatives, et créa la photographie sur verre, que M. Chevreul présenta en son nom à l'Académie des sciences, dans la séance du 25 octobre.

Le premier enduit impressionnable qu'il employa fut un mélange d'amidon cuit et d'iodure de potassium ; il substitua bientôt, et avec de très-grands avantages, l'albumine à l'amidon : il sensibilisa la plaque albuminée au moyen d'acéto-nitrate d'argent, faisant venir l'épreuve au moyen de l'acide gallique et fixant à l'hyposulfite de soude.

A cette même époque, M. Niepce avait essayé les gélatines adoptées plus tard par M. Poitevin, mais il les trouva bien inférieures à l'albumine ; il conseillait l'emploi de l'albumine iodurée pour les positifs sur papier, sur pierre, sur bois, sur métal, dans le but de fournir aux graveurs des dessins qu'il leur serait facile de suivre avec le burin.

Le 12 août 1850, M. Humbert de Molard enseigna, comme moyen d'accélérer la formation de l'image sur l'albumine, l'addition d'une petite quantité de mélasse, de sirop de cassonade, de miel ou de sérum de lait : il décrivit, en outre, un nouveau procédé de photographie sur verre, qui avait pour base la coagulation de l'albumine. M. Humbert de Molard obtint ainsi des épreuves à l'ombre en moins d'une minute.

Le 18 août 1851, M. Bacot, sans révéler son secret, adressa à l'Académie des sciences des épreuves tirées de négatifs sur verre albuminé, représentant la mer avec des vagues agitées et moutonnantes.

Le 1ᵉʳ décembre 1851, M. Talbot indiquait un moyen de rendre l'albumine tellement sensible, qu'elle recevait l'empreinte d'un disque couvert de lettres, tournant avec une extrême rapidité, et instantanément éclairé par la lumière électrique. Son procédé consistait à recouvrir la plaque d'une première couche d'albumine, à la plonger dans un bain très-faible de nitrate d'argent, à étendre une seconde couche d'albumine, à sensibiliser d'abord par le protoiodure de fer, puis par un bain plus fort de nitrate d'argent, et à exposer à la chambre obscure. Dans cette même communication, il décrivait les propriétés des nouvelles images appelées par lui amphitypes; négatives par transmission, positives par réflexion, sous certains angles.

IV. Collodion.

Vers la fin de 1850, M. G. Legray, dans son *Traité pratique de photographie,* parla le premier du collodion ou dissolution de coton-poudre, comme pouvant être substitué et ayant été substitué par lui à l'albumine, avec de grands avantages ; au point de vue surtout de la formation rapide de l'image dans la chambre obscure : il indiqua comme agents accélérateurs l'ammoniaque et les fluorures, comme agent révélateur le protosulfate

2.

de fer, et affirma avoir obtenu des portraits en cinq secondes et à l'ombre.

En janvier 1851, M. Bingham remplaça aussi l'albumine par le collodion, et fit avec M. Candell des expériences complétement satisfaisantes.

Peu de temps après, M. Archer formula et popularisa une méthode complète de photographie sur verre enduit de collodion, combiné avec l'iodure d'argent dissous dans l'iodure de potassium et rendu sensible dans un bain de nitrate d'argent ; son agent révélateur était l'acide pyrogallique de M. Regnault, il fixait à l'hyposulfite de soude ; ses épreuves étaient obtenues en quelques secondes ; il apprit, en même temps, à transformer directement les négatifs en positifs, par l'addition à la dissolution d'acide pyrogallique, de quelques gouttes d'acide nitrique, et à modifier la couleur ou la teinte des épreuves, par l'emploi de diverses substances, acétate de chaux, acétate de plomb, acide gallique, etc., etc.

La première idée de la transformation des négatifs en positifs directs est due à M. Herschel. MM. Talbot et Malone la produisirent, en ajoutant au bain révélateur du nitrate d'argent ; M. Fry l'obtenait au moyen d'une solution de sublimé corrosif. M. Diamond réussit mieux encore, en prenant pour bain révélateur un mélange en parties égales d'acide pyrogallique et d'hyposulfite de soude ; M. Lemoine conseilla un bain de ferrocyanate de potasse ; M. Martin, de Versailles, enfin, prouva qu'il y avait de grands avantages à se servir d'un bain de cyanure double de potassium et d'argent, et produisit de beaux positifs de ce genre sur bois, sur fer-blanc, sur cuivre, sur acier, noircis pour l'usage des graveurs.

En mai 1852 M. de Brebisson publia sa méthode de photographie sur verre collodioné, donnant des épreuves instantanées, et produisit des vues de places, de marchés avec une foule compacte et agitée d'hommes occupés d'affaires commerciales.

Dès 1852 plusieurs photographes eurent l'idée de détacher du verre la couche de collodion transformée en positif direct et de la rapporter sur papier ou sur toile ; les premiers beaux succès en ce genre ont été obtenus en 1853.

En 1853 des essais de reproduction des anneaux d'interférence et des images de la polarisation chromatique faits par M. Crooke mirent en évidence une grande différence d'action entre les iodures et les bromures ; M. Herschel insista alors vivement pour qu'on substituât le brôme à l'iode, pour qu'on remplaçât l'iodure de potassium, ou mieux l'iodure d'ammonium par le bromure de potassium ou d'ammonium dans la préparation des collodions photogéniques.

Ce n'est guère que sur une couche de collodion bromé qu'on peut obtenir que les couleurs rouge, verte, etc., produisent leur effet d'impression avant que les nuances photogéniques aient trop attaqué la couche sensible.

En 1852, M. Lyte conseilla de composer le bain révélateur d'acide pyrogallique et d'acide formique au lieu d'acide pyrogallique et d'acide acétique.

Complétons cette histoire rapide de la photographie en rappelant les faits suivants :

1° En 1846, M. Niepce de Saint-Victor inventa un mode tout nouveau de reproduction photogénique des gravures, fondé sur la propriété singulière dont jouit l'iode, de se porter et de se fixer sur les noirs d'un dessin ou d'une figure quelconque à l'exclusion des blancs : il décrivit sa méthode en 1847, en avril 1852 il indiquait le moyen de fixer et de rendre inaltérables les épreuves ainsi obtenues, en transformant l'iodure d'amidon qui formait le dessin , en iodure d'argent, en exposant de nouveau à la lumière, en faisant apparaître à l'acide gallique , et en fixant à l'hyposulfite de soude.

M. Bayart a converti cette méthode en un art merveilleux pour la reproduction des vieilles gravures ; après avoir exposé la gravure à la vapeur d'iode, il l'applique sur une glace préparée à l'albumine, pour former une épreuve négative ou cliché, avec lequel il tire ensuite sur papier des épreuves positives par les procédés connus.

2° En mai 1853, MM. Lemercier, Lerebours et Bareswill firent connaître le procédé de photographie sur pierre lithographique qu'ils avaient découvert en juin 1852, et présentèrent de très-belles épreuves, obtenues par ce moyen de reproduction et de multiplication indéfinie, qui consiste essentiellement à recouvrir la pierre d'un vernis impressionnable, vernis au bitume de Judée, par exemple, à y imprimer l'image par l'action de la lumière à travers un négatif, sur verre, ou sur papier, à dissoudre le vernis impressionné par l'éther sulfurique, etc.

C'est au fond le procédé de gravure héliographique inventé par le grand Niepce.

3° En mai 1853, M. Fox Talbot publia son procédé de gravure photographique sur acier, qui consiste à recouvrir la plaque d'une couche formée de gélatine et de bichromate de potasse, à l'exposer à la lumière, recouverte de l'objet qu'on veut graver, à faire mordre l'image ainsi obtenue par une solution saturée de bichlorure de platine, etc.

Quelques jours après cette publication, MM. Niepce de Saint-Victor et Lemaître, reprenant, pour l'appliquer à l'acier, la méthode de Joseph-Nicéphore Niepce, obtinrent des résultats bien meilleurs, et par la substitution à l'essence de lavande d'un vernis ayant pour base la benzine, M. Niepce de Saint-Victor est enfin parvenu à faire de la gravure héliographique un art véritable, qui donne aujourd'hui des résultats excellents.

On nous saura gré, nous l'espérons, de cette esquisse rapide, mais complète, des progrès et des conquêtes de la photographie, esquisse tracée pour la première fois, qui rend à chacun ce qui lui est dû, et qui a pour premiers résultats de prouver jusqu'à l'évidence que la plus grande part de la gloire dans cette immense découverte, ou plutôt dans cette glorieuse série de découvertes incomparables, revient à la France.

Niepce, Daguerre, Fizeau, Claudet, Niepce de Saint-Victor, etc., etc., les grands noms de la photographie sur plaque métallique et sur verre, sont des noms français.

Wedgewood, Talbot, les grands noms de la photographie sur papier, unis au nom d'Archer, le réalisateur de la photographie sur collodion, suffisent, certes, à honorer l'Angleterre.

Après avoir ainsi énuméré les maîtres que je devais consulter, les sources auxquelles je devais puiser, il me reste à justifier le choix que j'ai cru devoir faire parmi ces fleurs dont j'ai composé le miel qui devait s'épancher un jour de mon humble alvéole.

Chacun des quatre grands genres de photographie qui ont paru tour à tour, la photographie sur métal, la photographie sur papier, la photographie sur verre albuminé, la photographie sur verre collodioné, a ses avantages et ses inconvénients. Sur métal, et produit dans l'atelier d'un artiste consommé, le portrait est d'une exécution facile et presque instantanée ; la netteté, la vigueur du ton, le modelé des formes, l'harmonie

de l'ensemble, la finesse des détails, la dégradation des teintes, ne laissent absolument rien à désirer; mais cette épreuve si belle est un type unique, elle miroite désagréablement ; elle est alté-
rable et les traits du modèle y sont renversés.

Avec la photographie sur papier, telle que savent la faire les artistes que nous avons déjà cités,
les reproductions peuvent atteindre des dimensions énormes et peuvent être multipliées à l'infini : le miroitage n'existe plus, l'opérateur a des
allures plus libres, il peut varier à son gré le
caractère de l'épreuve ; il la renforce si elle est
trop faible, il l'affaiblit si elle est trop foncée ; il
devient artiste presque au même degré que le gra-
veur; il fait, comme il lui plaît, un tableau vague
ou ferme ; le papier coûte peu, il résiste au frottement et se conserve indéfiniment : mais, en re-
vanche, la texture fibreuse du papier, ses aspérités
et ses creux, la communication capillaire qui
s'établit entre les diverses parties de la surface
inégalement imbibées , sont autant d'obstacles
qui s'opposent à la rigueur absolue des lignes
et à l'exacte dégradation des ombres et des lumières : la précision de l'image laisse à désirer,
les détails sont plus confus, les traits bien moins

accusés : il en résulte toutefois une certaine ho-
mogénéité d'ensemble, une fusion insensible des
lumières et des ombres, une imitation meilleure
des effets que l'art des peintres et des dessinateurs
cherche à produire.

Les épreuves sur albumine ont bien toute la
finesse désirable, l'image est parfaitement nette,
les détails complétement accusés ; la glace peut
être préparée longtemps à l'avance, elle offre, sous
le rapport de la facilité du transport, un avantage incomparable ; mais la finesse excessive de
l'épreuve la rend sèche et dure, elle est presque
toujours d'un aspect faux, comme relation de ton
entre la lumière et les ombres, elle ne rend pas
assez l'effet de la nature. L'action de la lumière
est si lente que le portrait négatif sur albumine
est presque impossible, et quant à obtenir une
couche albuminée propre et sans poussière, c'est
un travail d'une difficulté extrême.

La couche de collodion est, en quelque sorte,
une feuille très-mince de papier, à pâte parfaitement homogène, sans inégalité aucune ; elle a au
plus haut degré la propriété de se laisser imprégner complétement par les liquides, qui lui communiquent une sensibilité exquise.

Par la promptitude d'impression, elle lutte avec la plaque métallique, mais elle est fragile à l'excès et d'une grande altérabilité : un souffle, la poussière, l'agent chimique le plus faible, l'altèrent quand l'image est en voie de formation.

Si l'on fait la balance des avantages et des inconvénients des diverses méthodes, on conclura immédiatement :

1° Que s'il s'agit d'obtenir un portrait unique, d'un beau caractère, avec une grande finesse de détails, une dégradation parfaite de lumière et d'ombre, une ressemblance absolue, il faut recourir à la plaque d'argent ;

2° Que dans la reproduction des monuments de l'art ou des paysages, sur grande échelle, la préférence doit être accordée au papier ciré, albuminé ou gélatiné ;

3° Que pour la reproduction sur petite échelle et en grand nombre de sujets immobiles, rien, surtout pour le photographe voyageur, ne remplace la glace albuminée, que l'on peut garder plusieurs jours sensibilisée, avant et après l'exposition à la chambre noire, sans la soumettre à l'agent révélateur. La glace albuminée est bien plus précieuse encore et tout à fait nécessaire, quand il s'agit d'obtenir des positifs sur verre pour le stéréoscope, des vues panoramiques, des *dissolving views*, ou de fixer les objets agrandis par le microscope solaire, avec des contours fortement accusés et des détails parfaitement dessinés ;

4° Enfin, pour les portraits, pour les académies, qu'il s'agit de multiplier, pour toutes les scènes plus ou moins animées de la nature, partout, en un mot, où il y a vie, respiration, mouvement, et lorsque l'objet doit être représenté avant que la lumière qui l'éclaire ait été modifiée, l'albumine et le papier s'effacent et le collodion triomphe.

Tout bien pesé, la part restée au collodion est la part du lion, et la photographie sur glace collodionée est la première de toutes les photographies, jusqu'à ce que MM. Humbert de Molard, Bacot et Legray aient produit, les uns leur albumine instantanée, l'autre son papier sec au collodion.

Après avoir successivement étudié et pratiqué les autres procédés, je me suis exclusivement voué au collodion, je me suis livré à l'enseignement de ce genre de photographie ; et après plusieurs années d'études sérieuses et d'une pratique de tous les jours, je crois rendre un service signalé à ceux qui s'occupent de photographie sur collodion, en leur donnant les moyens faciles d'obtenir des clichés sans reproche.

J'entre en matière, fort de mon expérience et de mes succès, qui sont, je le répète, mes seuls titres à la qualité d'écrivain photographique.

Paris, 1er mars 1854.

PHOTOGRAPHIE PRATIQUE.

CHAPITRE PREMIER.

Appareils, chambre noire, etc., etc.

Dans ma longue carrière photographique, j'ai vu si peu d'opérateurs se préoccuper sérieusement de leurs appareils, que je crois devoir commencer par là.

En général on achète la chambre obscure, les châssis, etc., etc., chez des marchands qui n'ont pas examiné avec soin la qualité du bois et la main-d'œuvre, ou qui ont acheté à la grosse ou au rabais;

de là, le plus souvent, bois vert et sans solidité, châssis dans lesquels la plaque ne vient pas prendre exactement la place de la glace dépolie, etc., etc.; modèles d'un genre déjà passé depuis longtemps et qui ne répondent plus aux besoins actuels de la photographie; enfin, imperfections de tout genre, qui rendent impossible le moindre succès.

En photographie, lorsqu'il s'agit surtout d'obtenir des épreuves négatives parfaites sur la glace collodionnée, on ne saurait se dispenser de faire un choix scrupuleux d'appareils parfaitement confectionés, et de les faire disposer même pour le genre de photographie auquel on les destine.

Ce serait en vain qu'on aurait employé les meilleures substances, qu'on aurait prodigué jusqu'à l'excès les précautions les plus minutieuses, qu'on serait enfin le plus habile opérateur; habileté, précautions, préparations, viendraient échouer contre la structure défectueuse des appareils.

Le collodion est inconstant, dit-on, prouvons le contraire en nous tenant dans les meilleures conditions possibles, dans toutes les conditions voulues, ne laissons au hasard que la plus petite part possible; commençons donc par faire construire nos appareils chez des ébénistes consciencieux, habiles, et qui sachent exécuter à notre gré les modifications voulues.

Il faut avant tout s'assurer que la glace dépolie occupe exactement la place que doit prendre plus tard la glace collodionnée ; car si pour le plaqué d'argent on peut perdre sans danger quelque peu de la netteté de l'image, il n'en est point ainsi quand on opère sur glace ou sur papier ; on perd bien assez dans le passage du négatif au positif.

Le châssis qui porte la glace collodionnée doit être plus épais en bois que le châssis destiné au plaqué, afin qu'on puisse isoler la glace de tous les côtés, et ne la faire porter que sur les angles ; il faut en outre creuser, dans la traverse inférieure du châssis, une petite rainure qui se dirige, en devenant de plus en plus profonde, vers un angle où il sera pratiqué, dans toute l'épaisseur du bois, un trou de 8 ou 10 millimètres d'ouverture, bouché avec une éponge ou du papier buvard ; la rainure et le trou donneront issue au liquide excédant qui ne remontera plus ainsi sur la couche de collodion, entraîné par la capillarité du verre, et ne tachera pas le négatif ; on pressera de temps en temps l'éponge, ou l'on changera le papier buvard.

3.

Le volet doit être à charnières, posées en haut du châssis, et doit être armé à son milieu d'une lame ressort qui maintienne la glace au foyer.

Quand l'opérateur porte le châssis pour l'installer dans la chambre obscure, il doit le tenir penché du côté du trou.

Les quatre angles du châssis destinés à supporter la glace, ainsi que les parties inférieures, la rainure, le trou, etc., etc., doivent être vernis ou enduits de gutta-percha ; cette substance brûle comme la cire à cacheter, il suffit de la frotter allumée sur les parties à enduire, elle s'y applique parfaitement.

Je ne crois pas qu'on ait construit encore des châssis parfaitement commodes pour prendre des vues ou des portraits stéréoscopiques sur collodion ; je possède un modèle de ce genre (1) qui permet d'obtenir sur une même glace les deux images accouplées par un simple déplacement de la chambre obscure. La manœuvre est simple et facile, et c'est une assez bonne méthode

____

(1) M. Schiertz, ébéniste consciencieux et habile, rue de la Huchette, 27, possède ce modèle, ainsi que ceux destinés aux autres appareils.

à suivre pour obtenir des images qui donnent le relief convenable sans avoir recours à deux chambres noires.

Le châssis-presse pour positif, dont beaucoup d'opérateurs se servent encore, ne me paraît pas remplir les conditions voulues pour les négatifs ordinaires, bien moins encore pour les négatifs collodion. Ce châssis n'a qu'une glace de fond, et pour presser les deux épreuves, qu'une simple planchette garnie de drap. Or, une planche unique ne résiste pas suffisamment à la pression exercée, elle cède nécessairement sur quelques points, et par là même le positif n'est pas en contact parfait avec le négatif et l'épreuve sort plus ou moins floue. Je préfère de beaucoup les châssis qui, outre la glace de fond, portent deux demi-glaces sur lesquelles deux planches à coulisse, munies de deux vis à bois, permettent d'exercer une pression forte, égale et sans danger de briser le négatif.

CHAPITRE II.

Des cuvettes, cuves en gutta-percha, etc. (1).

Les cuvettes ou bassines destinées à la photographie doivent trouver ici leur place. Je pense qu'on doit donner la préférence à celles en gutta-percha ; cette matière prend toutes les formes, ne se décompose guère sous l'influence des substances chimiques et n'est point sujette à la casse.

------

(1) MM. Mathiez frères, rue du Faubourg-Saint-Martin, 73, habiles fabricants d'objets en gutta-percha pour la photographie, fabriquent tous les appareils nécessaires aux photographes.

On doit les tenir propres et les renverser, après le service, sur les planches du laboratoire destinées à cet usage. Quand elles sont neuves, ou quand elles sont un peu trop salies par les dépôts argentifères, on doit les décaper avec de l'eau fortement acidulée, ou même avec de l'acide nitrique pur, les laver à l'eau ordinaire, les rincer avec de l'eau distillée et les faire sécher.

Il est bien entendu que je ne parle ici que des cuvettes destinées aux bains d'argent et de sel ; quant à celles qui servent aux bains d'hyposulfite et au lavage des épreuves positives, leur propreté n'est pas d'une aussi grande importance ; ce qui est bien autrement important, c'est qu'elles soient exclues du laboratoire.

L'opérateur pourra, pour les lavages des épreuves positives, employer tel ou tel vase indistinctement, en bois, en terre cuite, etc., etc. ; mais il ne pourra se dispenser de joindre à son bagage de voyage :

Une cuvette ou cuve pour le bain négatif (1),

---

(1) Depuis bien longtemps, j'ai renoncé à la cuve verticale pour impressionner la glace ; grâce à cette mesure, je ne vois

Une cuvette pour le bain positif,
Une cuvette pour le bain de sel,
Une cuvette pour le bain d'hyposulfite,
Une cuvette pour le bain de chlorure d'or.

---

plus apparaître ces taches blanches longues verticales qui rendent le cliché impossible. J'ai remplacé la cuve verticale par une cuvette plate, dont les bords ont 6 à 7 centimètres de hauteur ; je plonge ma glace dans le bain, le collodion en dessus. *Voyez* page 87.

CHAPITRE III.

Du choix de la lumière, de la manière dont on doit éclairer le modèle et faire porter les ombres.

Pour être parfait, un tableau photographique, comme un tableau dessiné ou peint, doit, avant tout, satisfaire aux règles de l'harmonie, et l'harmonie dépend principalement de la valeur lumineuse de chaque partie de l'image, par conséquent du mode d'éclairement du modèle.

Bon nombre de portraits grimacent et sont à peine ressemblants, uniquement parce que le modèle a été mal éclairé, qu'il a été placé au hasard dans un atelier mal partagé sous le rapport de la lumière.

Les photographes qui n'ont pour atelier de pose qu'une chambre ne feront jamais de beaux portraits ; en effet, pour qu'un portrait reproduise les formes véritables et l'ovale du modèle, il faut que celui-ci soit éclairé du côté le plus développé par une lumière tombant à peu près à 45°, tandis que le petit côté trois quarts, vu en raccourci, doit nager dans une ombre légère ; alors seulement l'image fera l'effet d'une belle ronde-bosse dont les points saillants, la pommette du côté développé, le front, la côte du nez, seront vivement éclairés, pendant que la cloison du nez, la pommette du côté raccourci, etc., resteront dans la demi-teinte : l'ensemble sera plein d'harmonie.

Ces conditions peuvent être très-bien remplies dans un atelier principalement éclairé par une large ouverture tournée vers le nord, mais dans lequel cependant l'opérateur peut faire arriver, du côté opposé et un peu en avant du modèle, la lumière diffuse qui doit engendrer les demi-teintes.

Dans une chambre, au contraire, quel que soit d'ailleurs le développement des croisées, le côté du raccourci sera dans une obscurité relativement trop grande; il en résultera un contraste ou une opposition de tons trop forte, trop heurtée. Il faudra recourir dans ce cas à des surfaces réfléchissantes, ou faire poser le modèle contre tous les principes de l'art, en éclairant le côté en raccourci, c'est la seule ressource, en effet, qui reste à l'opérateur, le seul moyen de ne pas produire un Rembrand, qui jure toujours en photographie; quelle que soit donc la réussite comme photographie, son épreuve n'en sera pas moins toujours pitoyable, comme portrait, l'ovale sera plus court, le nez plus plat, plus gros et à peu près confondu avec la pommette de la joue éclairée.

Il faut donc avoir soin, quand il s'agit d'un portrait, d'éclairer le modèle sagement, de manière à éviter les oppositions trop fortes d'ombre et de lumière, de manière surtout à ce que la côte du nez, le point du visage le plus lumineux, soit aussi le point le plus brillant de l'image.

Quant aux vues, il y a beaucoup moins de difficultés; la seule condition à remplir, c'est que le monument à reproduire soit éclairé par un soleil oblique; l'éclairement de face est rarement avantageux. Le paysage exige beaucoup de lumière à cause des masses de verdure.

Si la lumière diffuse convient mieux au portrait, il faut pour les arbres et les rochers un soleil pur et matinal, il ne faudrait pas opérer après midi. A deux heures, le soleil, même en été, prend une teinte jaune, et quelque éclatante que puisse paraître alors la lumière, l'image se produit moins vite dans la chambre obscure; elle se développe péniblement sous l'action des réactifs chimiques, le cliché est lourd, sombre, mauvais.

CHAPITRE IV.

Des couleurs et des habillements comparés à la figure.

Ce n'est pas tout que de bien éclairer le modéle, il faut aussi prendre en considération la couleur de ses vêtements.

Quand la lumière est blanche, son action chimique est proportionnelle à son intensité lumineuse; mais quand il s'agit de lumières colorées, c'est tout autre chose.

Tous les photographes savent aujourd'hui que,

parmi les couleurs, les unes, les plus lumineuses, n'exercent presque aucune action photogénique, pendant que d'autres, au contraire, et les moins lumineuses, sont extrêmement actives. Ainsi les rayons rouge, jaune, orangé et vert n'impressionnent pas ou impressionnent très-peu la couche sensible, tandis que le bleu, le violet, la décomposent presque instantanément.

Le blanc, réunion de toutes les couleurs, exerce une action très-vive, le noir ou l'absence de la lumière n'agit pas, le vert est presque aussi inerte, etc., etc. Partant de ce principe, si le modèle est d'une carnation éclatante, si c'est un enfant blond, habillé de vert ou de noir, il sera presque impossible d'obtenir dans le portrait des rapports de ton convenables; la figure sera solarisée et les habits non venus; pour sauvegarder l'harmonie des tons, il eût fallu des habits bleus ou violets, en un mot, des habits de couleur active.

Toutefois, il faut faire entrer en ligne de compte non-seulement la couleur des étoffes, mais encore leur nature, et telle figure pourra bien venir, si elle a pour vêtement une étoffe de soie brillante, quoique de couleur antiphotogénique, tandis que cette même figure viendra trop vite si elle est revêtue d'une étoffe de velours ou de laine.

Si vous n'avez pas le moyen de faire changer des habits à couleurs trop puissantes, vous n'avez plus que la ressource de cacher la figure, pendant que vous laissez le reste du corps rayonner librement vers la chambre obscure.

Un petit écran de carton noir, de la forme et de la grandeur du masque du visage, porté par une petite baguette noire, suffira à cet effet ; pendant les derniers instants de la pose, vous l'agiterez devant la tête dont il faut modérer l'action ; les habits devront poser un temps plus long à peu près dans le rapport de trois à deux.

CHAPITRE V.

Du coton-poudre.

Depuis l'emploi du collodion en photographie, l'on a donné tant de recettes pour le faire; sa préparation est si connue, que je pourrais me dispenser de la décrire, mais ce serait une lacune par trop grande dans un traité spécial : tout le monde ne peut pas recourir, d'ailleurs, aux sources originales, aux publications de MM. Bingham, Archer, de Brebisson, etc., etc., et c'est pour moi

4.

une obligation rigoureuse, que d'indiquer parmi les formules et les manipulations proposées, celles qui m'ont le mieux réussi, auxquelles je dois mes plus heureux résultats.

Rappelons, d'abord, que la découverte de la poudre-coton ou fulmi-coton date de 1846, et qu'elle est due à M. Schœnbein, de Bâle. Presque à la même époque, M. Bœttger, de Francfort, découvrait aussi, de son côté, cette merveilleuse préparation dont M. Schœnbein gardait le secret.

Le collodion est la matière qui résulte de la dissolution du coton-poudre dans l'éther seul ou alcoolisé, c'est un liquide de couleur ambrée, de consistance sirupeuse qui, en se desséchant, acquiert une grande ténacité, devient insoluble et imperméable à l'air; on a tiré parti de cette dernière propriété du collodion au profit de la chirurgie, en l'employant pour recouvrir les plaies et les mettre à l'abri du contact de l'air.

La découverte de l'application du collodion à la photograhie appartient incontestablement à un Français, M. Gustave Legray; il l'a indiquée le premier dans une publication authentique, dans son *Traité pratique de photographie, sur verre et sur papier*, imprimé, en 1850, à Paris et à Londres. Comme cette propriété lui a été vivement disputée, nous croyons devoir reproduire ici la traduction littérale de la page vingt-quatre de l'édition anglaise :

« Je viens de découvrir un procédé de photographie sur verre, par l'éther fluorhydrique et le fluorure de potassium dissous dans l'alcool à 40°, mêlés à l'éther sulfurique et saturés avec le collodion ; je sensibilise ensuite avec l'acéto-nitrite d'argent, et j'obtiens ainsi des épreuves dans la chambre noire, en cinq secondes à l'ombre ; je développe l'image par une solution très-faible de sulfate de fer, et je fixe avec l'hyposulfite de soude. J'espère, par ce procédé, arriver à une grande rapidité ; l'ammoniaque et le bromure de potassium procurent des degrés différents de vitesse. »

M. Bingham, chimiste anglais, a montré le premier des essais bien réussis de photographie, sur couche collodionée, comparables, en beauté, aux images sur verre albuminé et obtenus dans un temps beaucoup plus court. Un autre Anglais, M. Archer, a eu la gloire de formuler complétement la nouvelle méthode, de la faire entrer dans

la pratique u celle : M. de Brébisson l'a introduite en France avec des procédés qui lui sont
personnels.

*Manière d'obtenir le fulmi-coton, ou plutôt le coton soluble
pour le collodion (pyroxyle).*

Sous le manteau d'une cheminée de laboratoire
ou en plein air, mettez dans un vase de porcelaine
ou de verre :

Acide sulfurique pur . . . . 3 parties.
Azotate de potasse desséché. . 2 —

Remuez avec un agitateur en verre, de manière
à bien mélanger, plongez-y par pincées du coton
en *cardes* pur et sec, ou du papier-filtre, dit de
Suède, autant que le liquide pourra en mouiller, plutôt moins que plus, complétez l'immersion avec l'agitateur, laissez baigner ainsi pendant
8 ou 10 minutes.

Lavez alors en vous servant de l'agitateur, avec
de l'eau distillée, souvent renouvelée, laissez même
tremper pendant un ou deux jours, lavez enfin
jusqu'à ce qu'il n'y ait plus de réaction sur le

tournesol, et terminez en pressant le coton dans du papier buvard; faites sécher à l'abri de la poussière.

Pour obtenir ce produit entièrement soluble, il est indispensable que le coton soit trempé dans le mélange au moment même où l'acide sulfurique, en contact avec l'azotate de potasse, forme du sulfate de potasse, et laisse libre l'acide azotique, puisque c'est ce dernier acide qui doit être fixé par le coton.

En effet :

$$\text{Acide sulfurique,} \quad SO^3, HO$$
$$\text{Azotate de potasse, } KO, AzO^5$$
$$\text{donnent } \quad \underline{KO, SO^3, HO} \quad + \quad \underline{AzO^5}$$
$$\text{sulfate de potasse} \qquad \text{acide azotique.}$$

Alors le coton se trouve en contact immédiat avec l'acide azotique libre, et forme un nouveau composé de cellulose *coton* $C^{12} H^{10} O^{10}$ et d'acide azotique, AzO^5, qui peut être représenté par la formule suivante :

$$C^{24} H^{17} O^{17}, {}^6AzO^5.$$

CHAPITRE VI.

Du collodion chimique ou pharmaceutique.

Manière de faire le collodion.

Dans un vase mettez :

      Éther à 62° . . . .   500 grammes.
      Coton soluble   5   —   (1)

Le coton-poudre, s'il est bien réussi, doit se dissoudre dans l'éther à 66 °; mais le cas est exces-

---

(1) Ou encore
      Éther à 66°. . . . . . .   500 grammes.
      Alcool à 40°   60   —
      Coton soluble.   8   —

sivement rare, et il est toujours plus sûr d'employer de l'éther à 62°, qui dispensera d'une addition d'alcool ; il est mieux de n'employer que de l'éther pur, il entrera toujours assez d'alcool par les préparations qui le rendront plus tard photogénique.

Il vaut mieux faire soi-même son fulmi-coton et son collodion ; si cependant on ne veut pas se donner cet ennui, on pourra l'acheter tout fait chez des chimistes ou des pharmaciens dignes de toute confiance (1).

----

(1) Nous ne saurions trop insister sur le choix des produits chimiques : sur dix épreuves manquées, six au moins appartiennent de droit à un mauvais collodion employé, ou à des produits chimiques adultérés qu'on rencontre trop souvent dans le commerce. Il faut faire choix d'une maison consciencieuse, où tout se fait sous les yeux d'un chef responsable.

Nous ne pensons pas être taxés de partialité en recommandant à nos lecteurs la maison centrale de photographie, rue de Lancry, 16. La réputation accordée au cachet N.-B. Delahaye justifie cette remarque.

CHAPITRE VII.

Manière de rendre le collodion photogénique.

Que vous ayez fait le collodion chimique ou que vous l'ayez acheté, il sera d'une densité plus ou moins grande, suivant la quantité de coton-poudre dissoute dans l'éther. Un coton-poudre parfait, dissous dans la proportion de un pour cent en poids d'éther à 55°, doit, en général, donner un collodion de densité convenable; mais, comme je l'ai déjà indiqué, le fulmi-coton n'est pas toujours complétement soluble dans l'éther, et pour le dissoudre on ajoute une proportion plus ou moins grande d'alcool; les quantités d'alcool et d'éther qui peuvent donner un collodion de densité voulue sont par là même nécessairement variables non-seulement avec la nature des produits, mais encore avec la saison et la température; de sorte que chaque jour, après le travail, chaque jour avant de se mettre à l'œuvre, il faut faire subir au collodion photographique des modifications que nous indiquerons en temps et lieu.

Parmi les innombrables formules ou préparations de collodion photographique ou sensible qui ont été proposées, nous en choisirons quelques-unes que nous avons modifiées et qui nous ont constamment réussi.

1re FORMULE :

Collodion chimique ou pharmaceutique. 100 centimètres cubes.
Éther à 60° . . . . 130 — . .
Iodure d'ammonium. . . . . 2 grammes.

Ce collodion est excellent pour les positifs directs destinés à être transportés sur toile cirée. — Il est très-tenace, en raison de l'absence d'alcool.

2ᵉ FORMULE :

Collodion chimique . . . . 80 cent. cub.
Éther 100   —
Alcool à   38(1) saturé d'iodure de potassium.   28   —

Si ce collodion était peu sensible, ajoutez 2 grammes d'alcool saturé d'iodure d'ammonium.

3ᵉ FORMULE :

Collodion chimique . . . . 80 cent. cub.
Éther 120   —
Alcool à 40° saturé d'iodure d'ammonium (2).   8   —

Mêmes remarques que pour le précédent.

4ᵉ FORMULE :

Collodion chimique . . . . 80 cent. cub.
Éther à 60° 120   —
Alcool à 38° saturé d'iodure de potassium. .   15   —
Alcool à 40° saturé d'iodure d'ammonium. .   2   —

---

(1) Pour obtenir une saturation au même degré et par conséquent des résultats identiques, il faut dissoudre à froid, dans de l'alcool à 38°, de l'iodure de potassium porphyrisé. L'alcool à 38° doit dissoudre 5 p. o/o d'iodure de potassium et l'alcool à 40° dissout 20 p. o/o d'iodure d'ammonium.

(2) Il faut laisser au temps le soin d'une combinaison intime; quelques heures suffisent aux nᵒˢ 2 et 3; il ne faut pas moins de deux jours pour le nᵒ 1 : filtrez avant de les employer.

Liqueur sensibilisatrice au cadmium.

Dans 100 grammes d'alcool à 40° degrés faites dissoudre

2	—	de bromure de cadmium
1	—	d'iodure d'ammonium et
4	—	d'iodure de potassium.

Cette liqueur sensibilisatrice donne d'excellents résultats, dans les proportions suivantes :

Collodion au bromure de cadmium.

5ᵉ FORMULE :

Collodion chimique	80 centimètres cubes.
Éther	130 — —
Liqueur sensibilis. au cadmium . .	25 — —

Ces quatre premières préparations, que j'appellerais volontiers normales, donnent de très-bons résultats. Mêlées ensemble dans des proportions quelconques, elles forment encore un excellent collodion. Quant à la cinquième, je pense, sans toutefois pouvoir l'affirmer, que la présence du bromure de cadmium soutient un peu les blancs, en permettant plus de détail dans les ombres.

On peut, avec avantage, ajouter à ces différentes préparations, mais au moins douze heures avant de s'en servir, quatre à cinq gouttes d'ammoniaque pure par cent grammes de collodion ; celui-ci prend alors une belle couleur ambrée, il devient plus fluide, sa sensibilité augmente, ses qualités s'exaltent ; il se conserve dans ces bonnes conditions pendant plus de huit jours.

Il arrivera souvent, ainsi que je l'ai dit, qu'en raison de la nature différente des différents collodions chimiques, les collodions photogéniques obtenus par un même dosage ne seront pas identiques, qu'ils seront plus ou moins denses, plus ou moins chargés d'iodures, etc., etc.; dans le cas d'un collodion photogénique trop dense, coulant difficilement sur la glace, l'opérateur ajoutera quelques grammes d'éther et quelques gouttes d'alcool ioduré.

Dans le cas d'un collodion trop fluide, coulant trop facilement, il ajoutera quelques grammes de collodion chimique et d'alcool ioduré. Il peut se faire aussi que le collodion photogénique, amené au point de fluidité convenable, laisse à désirer quant à l'ioduration.

Si, plongé dans le bain d'argent, la couche devient d'un blanc pâte de papier sans transparence, le collodion est trop chargé (1) d'iodure; si, au contraire, la couche reste d'un bleu pâle, le collodion manque d'iodure; dans le premier cas, quelques grammes de collodion chimique et d'éther, dans le second, quelques grammes d'alcool ioduré suffiront pour rendre le collodion photogénique parfait.

Mais comment, dira-t-on, peut-il y avoir excès de telle ou telle substance? Nous l'avons presque dit déjà : le coton-poudre n'est pas toujours également bien réussi; on n'emploie jamais les éthers et les alcools au même degré, et l'alcool saturé d'iodure peut être saturé plus ou moins : son pouvoir dissolvant augmente en raison directe de sa faiblesse, car l'eau dissout parfaitement l'iodure de potassium, tandis que l'alcool anhydre ne le dissout pas du tout. Mais je le répète, ceci est peu important; l'opérateur ayant toujours sous la main deux flacons, l'un, saturé d'iodure de potassium, l'autre, saturé d'iodure d'ammonium, le remède est ainsi placé à côté du mal, et ce remède, il sera

---

(1) Dans ces cas, l'image se forme, mais elle disparaît au fixage.

souvent obligé de l'employer, s'il veut avoir toujours de beaux résultats.

Il n'est plus permis, aujourd'hui, d'en douter,
le collodion ne conserve pas longtemps sa même
valeur photogénique, il est donc prudent de n'en
préparer que pour les besoins de la quinzaine ;
après ce temps, sa sensibilité peut décroître : il
est pourtant des exemples du contraire, j'ai fait
de fort belles épreuves et presque instantanées,
avec des collodions vieux de trois mois. Dans tous
les cas, on peut remanier le collodion vieilli et le
rendre aussi bon que les premiers jours, en l'es-
sayant et le modifiant comme nous l'avons dit
plus haut.

Lorsqu'un opérateur a beaucoup d'épreuves à
faire, il doit régler ainsi sa journée : dès le matin,
il verse, en les filtrant, environ cinquante grammes de collodion dans chacun des petits flacons à
col rond, dont il se sert pour le répandre sur la
glace, et il doit en avoir presque autant que de
glaces à employer ; je dis presque, car chaque flacon ne doit pas servir à plus de deux glaces : en
effet, la constitution chimique du collodion changeant à chaque opération par l'évaporation de l'é-
ther, par la chute des poussières disséminées dans

l'air, etc., si l'on se servait toujours du même flacon, on ferait des épreuves de plus en plus mau-
vaises. A la fin de la journée, il remet ces fonds
de flacon dans le flacon mère, en y ajoutant
quelques grammes d'éther et d'alcool ioduré; le
lendemain, il filtre de nouveau et retrouve ainsi
le collodion dans les mêmes conditions de fluidité, de propreté et de bonté.

J'ai dit que j'appelais volontiers collodion photographique normal le collodion préparé avec un
seul des iodures indiqués; en effet, l'iode est essentiellement la substance génératrice de l'image,
et en l'employant simplement sous forme d'iodure
d'ammonium ou mieux de potassium dans les
proportions assignées, on est certain d'obtenir
toujours de belles épreuves.

Cependant, les premiers auteurs ne l'avaient
point jugé ainsi, ils avaient conseillé l'iodure
d'argent liquide, et même l'iodure de fer comme
agents accélérateurs; leur avis fut suivi pendant
longtemps; plus tard, on a renoncé presque uni-
versellement à l'iodure d'argent, l'iodure de fer
compte encore quelques partisans. Ce sel est-il
réellement accélérateur? Plus généralement, est-il
vrai que telle ou telle substance introduite dans

le collodion photographique normal le rende plus sensible ? Cette grande sensibilité, attribuée à tel agent chimique en vogue, n'est-elle pas plutôt le résultat des soins extrêmes apportés par l'opérateur à la mise en pratique des formules ordinaires, à l'obscurité complète du laboratoire, à la rapidité avec laquelle il a opéré, à son tour de main ; enfin, au concours de ces petits riens qui, en tout, font les grandes réussites ? Il est pourtant incontestable qu'on peut accroître la sensibilité du collodion en augmentant la dose de l'éther et celle de l'alcool, par la raison très-simple que dans le bain d'argent il se charge moins d'iodure d'argent, qu'il reste maigre et, par conséquent, plus perméable aux agents réducteurs et aux agents révélateurs. Mais, disons-le bien vite, tout portrait obtenu instantanément ou dans un temps trop court sera forcément incomplet ; il manquera indubitablement de cette expression exacte et fidèle, de cette gradation par des nuances infinies d'ombre et de lumière, de ce relief profond, de cette vigueur qui sont le cachet d'une belle épreuve.

Un collodion photographique *normal* au contraire, fait d'après nos formules simples, qui aura pris dans un bain d'argent une belle couleur opaline, irisée, uniforme, sera infailliblement bon ; il sera sensible, presqu'au même degré que le collodion dit instantané.

Que le photographe ne coure donc pas après l'instantanéité, c'est par une exposition relativement longue qu'il obtiendra les plus beaux résultats, et lorsqu'il montrera de belles épreuves, personne ne sera tenté de lui demander le temps qu'il a mis à les faire.

Il faut aussi que la glace soit préparée dans une obscurité absolue, que la petite lampe du laboratoire soit entourée d'un papier ou d'un verre rouge, que la glace soit plongée humide dans le bain d'argent, que l'appareil disposé d'avance reçoive immédiatement la glace sensibilisée, qu'elle soit sans retard soumise aux agents révélateurs, en un mot, que le cliché soit fini en moins de temps qu'il n'en faut pour lire ces lignes.

L'emploi de l'ammoniaque pure, à très-faible dose dans les collodions imparfaits ou rouges, est d'une grande ressource ; je l'ai conseillé il y a longtemps, et de nombreuses expériences faites depuis ont prouvé son efficacité.

Nous avons dit que les collodions photogéniques tendaient à se décomposer ; cette tendance se ma-

nifeste surtout dans des circonstances particu-
lières d'atmosphère et de milieu, sans qu'on puisse
l'attribuer au défaut de bouchage plus ou moins
hermétique des flacons qui les contiennent. Un
flacon resté ouvert pendant 12 heures perdra très-
peu de sa valeur première ; c'est donc l'iodure qui
est altéré, absorbé, réduit : nous avons donné les
moyens d'y remédier.

Terminons en indiquant le parti que l'on peut
tirer du mélange alcoolique d'iode avec la solution
d'éther brômé ou même de l'éther brômé seul,
pour donner de la valeur aux plus mauvais collodions ou pour améliorer encore les bons.

Solutions à faire.

1re	Alcool à 40°	100 grammes.		Flacons saturés.
	Iode jusqu'à saturation.	—		
2e	Éther	100	—	
	Brôme pur	50	—	
3e	Alcool à 40°	100	—	Dosages.
	Solution alcoolique saturée, n° 1.	10	—	
4e	Éther	100	—	
	Solution d'éther brômé, n° 2.	10	—	

Une heure avant de se servir d'un collodion,
quelle que soit d'ailleurs sa composition, mêlez-y,

par cent grammes de la solution n° 3, — 2 grammes,
      Idem.   n° 4, — 5 idem,
agitez le flacon, laissez la combinaison se faire
pendant à peu près une heure, filtrez.

L'iode a pour effet de donner des noirs plus
intenses. Le brôme en modifiant les noirs donne
plus de détail et de variété dans les ombres.

Un léger inconvénient reste à signaler, inhérent
à cette addition d'alcool ioduré et d'éther brômé;
le collodion ainsi modifié ne se conserve guère
plus de 2 ou 3 jours, et si on ne l'emploie pas dans
cet intervalle, je conseillerai de le jeter au lieu de
le mêler aux autres.

Au reste, même quand le collodion est bon,
quelques gouttes de la solution brômée le rendent
plus limpide et le cliché devient plus brillant.
L'on a attribué au brôme une autre propriété
qu'il ne m'a pas été donné de constater pleine-
ment, celle de permettre aux couleurs douées d'un
très-faible pouvoir photogénique, d'impressionner
la couche sensible au même degré et aussi vite que
les autres couleurs.

Cette assertion m'engage à mettre encore sur
le tapis la question de la chambre blanche. Ce
système, qui renverse toutes les idées reçues, a

d'abord été mis en pratique par un de mes élèves, M. Lœchèrer, de Munich ; pendant plus de trois ans, je me suis constamment servi d'une chambre blanche, et, je dois l'avouer, je ne m'en suis pas trouvé plus mal. Il est vrai que je n'ai pas fait des essais rigoureusement comparatifs sur le doublé d'argent ; mais des hommes éminents et qui font autorité les ont faits, et les résultats de leurs expériences sont concluants. Les miennes me permettent seulement d'affirmer que, pour le collodion du moins, une chambre blanche est préférable ; l'opérateur pourra se convaincre que, par ce moyen, il obtiendra justement ce qu'il cherche, des habits bien venus avec des figures parfaitement à point.

Tout le monde sait maintenant pourquoi il doit en être ainsi, et la question des chambres blanches a été assez longuement discutée pour que je sois dispensé de m'y arrêter plus longtemps.

CHAPITRE VIII.

Du laboratoire.

Conseils à suivre, précautions à prendre.

Une pièce entièrement privée de lumière est indispensable à l'opérateur. Si elle est éclairée par une fenêtre et qu'il veuille conserver ce jour, il devra le rendre d'une couleur antiphotogénique.

A cet effet il garnira l'ouverture de deux rideaux superposés, l'un jaune jonquille, l'autre rouge, et, par excès de précaution, lorsqu'il préparera ses glaces collodionnées, substance éminemment sensible, il pourra couvrir les deux rideaux d'un troisième, vert ou noir.

Ceci ne saurait le dispenser d'une petite lampe, couverte elle-même d'un verre rouge, éminemment utile pour juger de la venue de l'image.

L'éther est une substance très-inflammable, on ne devra donc jamais faire ou modifier les collodions à la lumière de la lampe.

Si le photographe opère dans un cabinet noir, éclairé par une lampe, il devra, même en collodionant la glace, s'en tenir aussi loin que possible.

Ne jamais toucher aux flacons, châssis, cuvettes, etc., sans avoir lavé soigneusement ses mains.

Au moment de vous servir du flacon de collodion, essuyez le goulot avec un chiffon propre, destiné à cet usage ; le collodion, qui se fige au goulot, tombe par parcelles avec le collodion liquide et fait des traînées.

Avant de se servir d'un châssis, il faut frapper dessus pour en détacher les poussières, le nettoyer avec soin, essuyer l'humidité des bords.

Faites les filtres pointus, et enfoncez-les jusqu'au fond de l'entonnoir ; par ce moyen ils filtrent bien et ils durent longtemps. Un filtre pour collodion restera bon pendant la quinzaine, et celui destiné au nitrate d'argent pendant plus d'un mois.

Que chaque entonnoir reste affecté à son usage, après qu'il a servi, renversez-le, muni de son filtre, sur une planche du laboratoire et à l'abri de la poussière.

L'hyposulfite de soude est une solution très-dangereuse à côté des bains d'argent et des flacons de collodion, il faut la reléguer tout au bout du laboratoire.

Si même le logement le permet, fixez les épreuves négatives, mais surtout les positives, ailleurs que dans le lieu destiné aux autres manipulations; la moindre goutte des agents fixateurs tache, décompose, etc.; après chaque cliché fixé terminé, se laver les mains avec le plus grand soin avant de recommencer un autre négatif.

Que chaque chiffon reste affecté à son usage particulier.

Qu'il en soit de même pour les flacons et les cuvettes.

L'agent révélateur acide pyrogallique, combiné à l'acide acétique, s'affaiblit et se décompose assez vite, n'en faites que pour le besoin de la journée.

Faites toutes vos solutions à l'eau distillée, excepté celle d'hyposulfite et celle de chlorure d'or.

Mettez le modèle scrupuleusement au foyer sur la glace dépolie, en vous aidant des lignes les plus nettes, telles que la ligne des paupières, la moustache, la barbe, etc.

Ne placez pas le corps du modèle de face, mais de côté; s'il veut regarder à regard perdu, qu'il prenne un point d'appui pour le regard, mais que le regard soit droit, sans cette précaution, il risquera de loucher; permettez-lui de fermer les paupières de temps en temps, mais qu'il les relève à l'instant et qu'il regarde toujours le même point.

Si le modèle veut avoir de la physionomie, mettez un tout petit papier blanc sur la chambre, près de l'objectif, qu'il le regarde pendant la pose, son portrait regardera aussi.

Si la pose doit se prolonger au delà de cinq secondes, ne permettez pas qu'on pose sans appui-tête, il vaut mieux même en faire usage dans tous les cas.

Lorsque vous faites de la photographie monumentale, mettez au foyer le point le plus important, le premier plan en général ; sacrifiez les derniers et même les plans secondaires ; toutefois, comme il

devient utile d'adapter à l'objectif des diaphragmes variables, afin d'avoir à volonté une action
plus rapide ou une netteté plus grande, vous adop-
terez le plus petit des diaphragmes lorsqu'il s'agira
de faire plusieurs plans et d'avoir une grande finesse de détails; vous prendrez, au contraire, le
plus grand lorsque vous devrez opérer sur des masses de verdure.

Pour un monument, s'il est élevé surtout, ayez
soin de vous placer à une distance égale au moins
au tiers de la hauteur totale de l'édifice; sans cette
précaution, vous serez obligé d'incliner fortement
la chambre noire, et l'objectif regardera de bas en
haut : dans cette position, les lignes verticales, qui
doivent être d'aplomb et parallèles entre elles,
vont au contraire concourir à un point accidentel
céleste, et font tomber le monument à la renverse,
les tours de Saint-Vincent-de-Paul deviennent des
tours penchées de Bologne.

Pour faire un portrait, il faut élever l'objectif à
la hauteur de la tête du modèle à peu près, il vaut
mieux de le faire plonger un peu. Si l'on tient la
ligne de l'axe de l'objectif dans la ligne horizon-
tale, le nez devient plus court, l'ovale s'arrondit,
le front fuit, le menton grossit.

Disposez le modèle sur un fond bleu foncé ou ardoise, et à une distance d'environ 0,50 centimètres pour qu'il y ait de l'air et que le tissu du fond ne se reproduise pas.

Les photographes, les amateurs surtout, redoutent et avec raison les taches produites par le nitrate d'argent, et cette crainte paralyse la moitié de leur adresse : rappelons ici qu'un photographe éminent, un chimiste habile, M. Humbert de Molard, a indiqué un *spécifique* qui doit ôter toute appréhension à cet égard.

Une pincée d'iode, deux pincées de cyanure de potassium, quelques gouttes d'eau pour dissoudre le tout suffisent à nettoyer les taches des linges et des mains; prenez-en avec le bout du doigt et humectez les parties maculées, la tache disparaît instantanément, ou passe au rouge si elle est vieille; terminez le lavage au savon et à la pierre ponce en poudre et rincez avec soin.

N'oubliez pas que le cyanure est un poison violent; il serait peut-être plus sage de garder les doigts noirs et d'exclure totalement du laboratoire une substance douée d'une action toxique aussi dangereuse.

CHAPITRE IX.

Traité du négatif collodion. — Décaper la glace (1).

Lorsque la glace a déjà servi, qu'elle a été impressionnée, il faut la plonger dans l'eau acidulée

---

(1) L'épreuve se produit tout aussi bien sur verre que sur glace,
et il y aurait certainement une grande économie à n'employer
que du verre; mais comme il n'est jamais parfaitement plan,
il serait presque inévitablement brisé à la première épreuve
positive; on ne peut donc guère l'employer que pour des positifs directs (1).

(1) M. Guilloux, rue du Faubourg Saint-Martin, 84, tient un assortiment
complet de glaces rodées et autres, ainsi que de cuvettes et d'accessoires en verre
pour daguerréotypie et photographie.

(50 acide nitrique, 50 eau) (1), la laver, la rincer et la laisser sécher. Si elle est neuve, ou bien si elle a subi ce premier lavage, il faut la décaper avec un tampon de vieux linge imbibé d'alcool et d'ammoniaque (à volumes égaux), la frotter encore avec un second tampon imbibé du même liquide, et sécher avec un linge sec et propre en la frottant encore assez vivement; on peut s'assurer du degré de propreté d'une glace en soufflant dessus; l'haleine condensée devra offrir une couche homogène d'un gris perle sans tache ni rayures (2).

Le linge est préférable au papier Joseph qui abandonne trop de peluches; les poudres de tripoli, etc., doivent être mises de côté, elles dépolissent le verre et se logent presque toujours dans

---

(1) Quelques glaces excessivement poreuses conservent encore, même après l'eau acidulée, de petites réductions métalliques : ce sont autant de petits trous d'un blanc d'argent poli. Un petit frottis à l'acide nitrique par les fait disparaître.

(2) On peut employer le blanc de craie Levigé pour le décapage. Mettez-en quelques grammes dans un vieux linge, et faites un nouet. Promenez-le sur la glace avec quelques grammes d'alcool, et frottez jusqu'à ce que le blanc soit sec; frottez alors avec un linge imbibé d'alcool pur, et terminez avec un tampon de linge sec et propre.

les pores, le coton en rame, dans les temps chauds surtout, se colle au verre, il est difficile de l'en détacher.

On doit polir d'avance, le matin, la veille même, la quantité de glaces nécessaires; elles se conservent bien pendant une journée, le lendemain on n'a qu'à les frotter avec un linge sec.

Si la glace est mal décapée, elle se maculera de taches claires sous la réaction acide; si la glace a été mal lavée à l'eau acidulée, elle pourra conserver des réductions métalliques qui, loin de disparaître au frottage, résisteront et prendront l'aspect brillant du métal; si elle est mal séchée, le collodion pourra se détacher dans le bain ou bien la partie restée humide prendra une teinte inégale d'iodure d'argent.

L'importance du polissage a été, peut-être, exagérée; cependant, il faut dans tous les cas que la glace soit très-pure et très-sèche. Avant de verser le collodion, il faut l'épousseter avec un pinceau en poils de putois; les poussières qui y sont restées après le polissage feraient autant de taches ou de trous.

Avant de collodioner la glace, réunissez tous les objets nécessaires pour le négatif, nettoyez les verres, (1) les châssis, le goulot du flacon de collodion, etc.

Disposez la cuvette et le bain d'argent (2); la cuvette doit être plate, haute de bords de 6 à 7 centimètres, plus large d'un centimètre et plus longue de 8 ou 10 centimètres que la plus grande glace à sensibiliser; une seule cuvette suffit (3), dis-

---

(1) Deux verres sont nécessaires, l'un (une cuillère) destiné à mesurer les agents révélateurs, petit, pouvant contenir environ 15 grammes de liquide, l'autre, grand comme un verre à boire, muni d'un bec, et destiné à recevoir le mélange et à arroser la couche impressionnée. On trouve ces deux vases chez M. Delahaye (produits chimiques), rue de Lancry, 16.

(2)   *Bain d'argent négatif* (voir note 1re) :

   Eau distillée. . . . . 100 grammes.
   Azotate d'argent 5   —

(3) On se sert généralement encore de cuves profondes en gutta-percha, où l'on plonge la glace verticalement; il est presque impossible avec ces cuves d'échapper à des taches blanches et allongées, désespoir des photographes; la gutta-percha est une substance réductrice qui se dissout elle-même dans le bain d'argent; par l'effet de la forme de la cuve, un corps huileux, qui surnage, s'attache à la couche de collodion, et s'étend en assez longs bâtons blancs qui font autant de taches. Il est fâcheux que depuis deux ans que les photographes demandent des cuves verticales en verre ou en porcelaine, on

posez la chambre obscure, posez le modèle, mettez au point, etc., etc.

---

n'ait pu trouver le moyen d'en fabriquer (1). Une cuvette plate, du reste, répond à tous les besoins, et depuis que je l'emploie, je n'ai plus eu la moindre tache à mes clichés.

(1) J'apprends avec plaisir que M. Delahaye, fabricant de produits chimiques, rue de Lancry, 16, vient de faire construire des cuvettes verticales en verre et en cristal, moulées d'une seule pièce, et pour lesquelles il vient de lui être délivré un brevet d'invention, d'application et de perfectionnement. N. D. E.

CHAPITRE X.

Collodioner la glace.

Prenez la glace de la main gauche, entre l'index fermé et le pouce allongé, tenez-la horizontalement, enlevez les poussières avec le pinceau, versez le collodion (1) sur l'angle opposé en petit

---

(1) Cette petite manœuvre, dont la théorie paraît longue et embrouillée, n'est absolument rien dans la pratique. Après plusieurs heures, l'opérateur sera familiarisé avec ce tour de main, et il collodionera avec la plus grande facilité les glaces du plus grand périmètre. Si c'est une glace de 40 centimètres,

filet continu et à trois centimètres des bords, faites en même temps un mouvement imperceptible de la main gauche pour attirer le collodion, d'abord vers le corps, puis vers le pouce de la main gauche, mais sans le toucher, puis vers la tranche gauche jusqu'à l'angle opposé, puis enfin vers l'angle droit en inclinant la glace; que le collodion y arrive vite, pas trop cependant (des moutonnages (1) se produiraient), recevez l'excès du collodion dans le flacon en posant l'angle de la glace sur le goulot, et imprimez un léger balancement de droite à gauche pendant qu'il coule, afin qu'il ne se fige pas sur ses rides; n'attendez pas que

---

il pourra appuyer l'angle diagonalement opposé au pouce de la main gauche, sur un petit support disposé à cet effet; je pense même qu'on peut s'en dispenser, le goulot du flacon fera le même office quand il recevra l'excès de collodion. Les planchettes porte-glace, les tubes de gutta-percha, etc., ne sauraient convenir au collodion, qui demande une exécution propre et rapide; laissons le tube-manche en gutta-percha à l'albumine qui ne saurait s'en passer.

(1) Lorsque la glace est ramenée trop vivement vers la verticale, le collodion se précipite, et procède justement comme les vagues de la mer. Comme, ici, c'est un corps gras qui ne coule pas vite, il ne faut donner à la glace que la pente nécessaire : de même que c'est une erreur d'aller trop vite, de même c'en est une d'aller trop lentement, en été surtout.

la dernière goutte soit tombée, posez le flacon et prenez l'autre angle de la glace (1) avec l'index et le pouce de la main droite, l'index du côté du collodion, retournez les doigts de la main gauche, continuez à balancer de droite à gauche et de gauche à droite, la glace étant alors verticale, et le collodion opposé au corps. Quand la dernière goutte sera près de tomber, prenez la glace avec la main droite, les quatre doigts en dessous, le pouce appuyé sur l'angle libre de la main gauche, qui l'abandonne, tenez-la horizontalement, le collodion en dessus, soulevez avec la main gauche la cuvette du bain d'argent de manière à rejeter le liquide de l'autre côté, posez la glace sur le haut de la cuvette et laissez-la presque retomber pour amener le bain horizontalement afin que le collodion soit instantanément couvert et sans solution de continuité : le liquide doit être assez abondant pour tenir la couche de collodion couverte ; laissez ainsi 8 à 10 secondes, puis imprimez un léger balancement à la cuvette, afin que

----

(1) Cet angle a dû rester aussi sans collodion, et c'est par ces deux angles libres que l'opérateur prendra toujours la glace dans les opérations suivantes ; précaution indispensable pour ne pas faire de taches au cliché.

la nappe du liquide, passant et repassant sur le collodion, lui enlève son aspect huileux ; 60 ou 80 secondes suffisent ; mais un séjour plus prolongé ne saurait nuire; soulevez la glace avec un petit crochet d'argent : prenez un petit carré de papier buvard, appliquez-le sur l'angle qui est sans collodion et des deux côtés de la glace, prenez-la par cet angle, frappez un peu l'angle diagonal opposé pour déterminer les premières gouttes à tomber, mettez-la dans un châssis, couvrez-la d'une feuille de papier buvard, faites l'épreuve (1).

----

(1) Nous recommandons, une fois pour toutes, une obscurité absolue pour les préparations où il entre du nitrate d'argent. Une petite lampe suffit ; il est bon qu'elle soit entourée d'un verre ou d'un papier rouge. Si nous insistons sur la lampe, c'est que le jour, tamisé par les verres jaunes, ne saurait la remplacer ; c'est qu'elle est indispensable dans tous les cas, et que c'est le seul moyen de suivre le développement de l'image. Le collodion, au sortir du bain d'argent, doit être d'une couleur opaline, légèrement irisée, de teinte uniforme et sans tache vu par transparence ; s'il offre des inégalités dans la couche ou des taches, on doit mettre la glace au rebut ; ne pas faire l'épreuve.

CHAPITRE XI.

Exposition à la chambre noire.

(Voir note 9.)

Nous avons dit que le modèle avait été disposé d'avance et mis au foyer; jetez un coup d'œil rapide sur la glace dépolie et sur le modèle pour vous assurer que tout est bien; mettez le châssis dans la chambre obscure. On ne saurait déterminer au juste le temps de la pose; cependant pour ceux qui ont *fait du plaqué*, il n'est peut-être pas inutile de dire que la sensibilité du collodion est égale à celle d'une *plaque* amenée à son maximum de sensibilité ; toutefois, qu'ils n'oublient pas que le collodion n'a pas l'inconvénient de solariser et qu'il vaut mieux prolonger le temps de la pose que de trop l'abréger. Du reste, on ne saurait trop le répéter, l'image se formera d'autant plus vite que les opérations auront été faites plus carrément et avec plus de soins et de rapidité (1).

(1) On se demande souvent comment, avec le même collodion, avec la même lumière, les mêmes dosages, etc., etc., on obtient des clichés si différents ; les uns sont blancs et translucides, les autres gris, presque opaques, etc., etc. Il ne faut chercher la cause de ces différences que dans les accidents de la manipulation. Les premiers ont été produits vivement : le collodion était humide quand on l'a plongé dans le bain d'argent ; il s'est formé un iodure d'argent riche, parfait ; cette humidité existait lorsqu'on a couvert la glace de l'agent révélateur : l'image s'est produite vite, facilement. Les autres, au contraire, sont venus péniblement sous l'action des acides : le dépôt boueux a terni le collodion en s'y collant ; ils sont venus péniblement, parce que l'ensemble des opérations a été relativement lent, embarrassé. En été, le collodion séchant vite, on ne saurait trop se presser pour le plonger dans le bain d'argent ; si le collodion arrive un peu sec dans le bain, l'image se développera lentement, quelquefois même, le cliché fini, séché, la couche pourra s'exfolier et prendre l'aspect du papier brûlé.

CHAPITRE XII.

Faire paraître l'image.

On a dû préparer d'avance, et l'on doit avoir sous la main les solutions suivantes :

1re (*voir* note 3) :

Eau distillée.	100	grammes.
Azotate d'argent	4	—

2e (*voir* note 3) :

Eau distillée.	100	—
Acide pyrogallique	0,5	—
Acide acétique cristallisable .	7	centimètres cubes.

Pour une glace normale, mettez environ 10 gr. de la 1re solution et 16 gr. de la 2e dans le verre à bec, prenez la glace horizontalement, comme pour la collodioner (1), et répandez le liquide sur la couche impressionnée et de telle sorte que la surface en soit entièrement couverte, sans solution de continuité ; maintenez la glace dans cette horizontalité pendant quelques secondes, l'image doit commencer à paraître : faites rentrer le liquide dans le verre et versez-le de nouveau *immédiatement* (2) sur le collodion ;

----

(1) On pourrait mettre la glace sur un support à niveau pour la soumettre à l'action du liquide révélateur ; c'est le mode suivi par tous les photographes. Ma manière d'opérer a pour but : 1° d'empêcher le dépôt de poudre fine d'acide pyrogallique de se coller au collodion et de le ternir : si cela arrivait, le cliché donnerait des épreuves pelucheuses et bavochées un peu semblables à celles que donnent les clichés-papier ; la soie, le velours, etc., prendraient au positif l'aspect de la laine, etc.; 2° de permettre à l'oxygène de l'air d'agir sur l'iodure d'argent : cette action chimique de l'air influe considérablement sur le développement de l'image : des expériences positives m'autorisent même à affirmer qu'elle est tout à fait indispensable, et que sans son concours il n'est pas de cliché parfait.

(2) Quand on fait rentrer, pour la première fois, le mélange dans le verre, la glace, mise à nu, prend un aspect huileux, le liquide se retire, et l'on voit se former aussitôt des traces en forme de racines. Ces traces feraient autant de taches ; il faut donc se presser et même ne pas verser d'abord tout le liquide dans le verre. Après quelques lavages, l'agent révélateur s'est

renouvelez cette manœuvre jusqu'à ce que l'image soit entièrement développée (*voir* note 4). Si vous avez au-dessous, mais un peu plus loin , votre petite lampe, vous pourrez juger de la venue de l'image, vous la verrez se développer peu à peu, ou très-rapidement. Si l'image est longue à paraître (1) , mais que cependant elle donne quelque espoir, il faut jeter le liquide qui se décompose et devient boueux ; nettoyer le verre, faire un nouveau mélange , arroser de rechef l'image et continuer cette espèce de lavage jusqu'à ce qu'elle soit entièrement développée : vous reconnaîtrez que le développement est complet, lorsque les linges sont devenus noirs, et les autres parties éclairées du modèle relativement sombres. Quand l'image

---

substitué à l'eau ; il n'y a plus aucun danger. Pour mieux s'assurer si l'image est entièrement développée, posez l'angle droit de la glace sur le verre, approchez le cliché de la lampe, à 10 centimètres seulement, et interrogez attentivement. En été, il faut se presser : l'image passe vite au noir ; mais répétons encore qu'il vaut mieux un cliché vigoureux qu'un cliché faible : avec ce dernier, on n'aura jamais que des positifs gris, sans finesse et sans vigueur.

(1) Il est des cas où l'image se produit si lentement que l'opérateur voit sur-le-champ qu'il n'en peut tirer parti comme négatif ; si donc il ne veut pas en faire un positif direct, qu'il la mette au rebut (*voir* note 5).

vient très-vite, ce qui arrive toujours en été, ou lorsque la pose a été prolongée, il faut se hâter, et sitôt qu'on voit le blanc des linges passer au noir, jeter promptement sa solution d'acide pyrogallique et arroser la couche avec de l'eau pour arrêter l'effet (1); sinon le cliché deviendrait trop noir, il serait perdu.

Cependant il vaut mieux qu'il soit trop vigoureux que trop faible, pourvu que les tons soient dans leur rapport naturel c'est-à-dire les linges noirs, le front, la pommette éclairée, la côte du nez, etc., *presque noirs* (surtout si le modèle est très-blanc), enfin, que les habits soient venus avec tout le détail possible. Un cliché très-vigoureux donnera toujours de très-bons résultats positifs; seu-

---

(1) Lavez le négatif de la manière suivante : posez la glace sur les cinq doigts de la main gauche; tenez-la inclinée à 60° à peu près, et de telle sorte que les deux angles dépourvus de collodion soient sur la partie déclive; arrosez le collodion d'un petit filet d'eau jeté d'assez bas vers la partie haute de la glace, mais pas sur le même point, et manœuvrez en même temps la main qui tient la glace, de manière à faire couler l'eau partout, en ayant soin de ne pas l'introduire sous le collodion : il se détacherait ou se riderait; lavez la glace jusqu'à ce qu'elle n'ait plus l'aspect huileux; posez-la sur un pied de niveau, et fixez... (Page 97.)

lement les positifs seront plus longs à se produire
sous l'action des rayons lumineux ; un cliché,
gris, faible, peu poussé, donnera des positifs se
produisant trop vite, toujours ternes, sans finesse,
mauvais.

CHAPITRE XIII.

Fixer l'épreuve négative.

Bain d'hyposulfite de soude (V. note 6).

Eau ordinaire . . . . 100 grammes.
Hyposulfite de soude. 50 — ou saturation.

Posez la glace sur un pied de niveau, couvrez-la de cette solution.

La glace, d'un blanc opale, qui montre encore une image négative, ne tarde pas à se dépouiller, et à mesure que l'iodure non modifié disparaît, l'image (1), vue par réflexion, passe au positif. Lorsque l'iodure libre a complétement disparu, ce qui est facile à reconnaître en regardant la glace par transparence, remettez-la sur les cinq doigts de la main gauche et lavez-la à l'eau ordinaire, comme précédemment, mais bien plus longtemps. Il s'agit ici de faire disparaître à son tour l'hyposulfite qui, en séchant, ne manquerait pas de cristalliser sur l'épreuve et de la perdre.

Le collodion étant bien lavé, prenez la glace avec la main droite, l'index du côté du collodion par l'angle saisi d'abord par la main gauche en collodionant, et levez-la perpendiculairement, de telle sorte que le collodion soit opposé au corps ; dans cette position, votre main est en bas, et l'hyposulfite dont elle est mouillée ne tachera pas le

---

(1) Quelques auteurs et bon nombre d'opérateurs pensent qu'un bain d'hyposulfite concentré peut affaiblir l'épreuve, ou même la détruire entièrement ; rien n'est moins à craindre : l'hyposulfite concentré n'a aucune action sur l'iodure décomposé, sur l'argent réduit ; il n'enlève que l'iodure libre, mais rapidement. Avec un bain d'hyposulfite faible, il ne faut pas moins d'un quart d'heure pour dépouiller l'épreuve ; le négatif n'ayant donc rien à craindre de l'action plus ou moins prolongée d'un bain concentré, l'opérateur fera sagement de le laisser agir plutôt plus que moins.

cliché, ce qui arriverait infailliblement si vous opériez autrement ; posez la glace debout, sur ce même angle, appuyée contre un mur et sur un carré de papier buvard, laissez sécher naturellement.

Si vous êtes pressé de faire un positif, tenez le cliché devant un bon feu, d'un peu loin.

Il faut, dans tous les cas, que le négatif et le positif soient parfaitement secs lorsqu'ils seront mis en contact ; sans cette précaution, vous perdriez l'un et l'autre.

Lorsque le cliché est sec, enlevez le collodion des deux autres angles et aussi celui des bords de la glace sur une largeur d'environ cinq millimètres ; cette précaution est indispensable si vous voulez prendre le cliché impunément, avec des doigts presque toujours imprégnés d'hyposulfite.

Le collodion est une substance moins tenace que l'albumine, aussi doit-on prendre quelques précautions en faisant les positifs ; quelques collodions, surtout ceux qui contiennent beaucoup d'alcool, ceux qui ont été trempés presque secs dans le bain d'argent, ou qui sont venus difficilement sous l'action des agents révélateurs, sont d'une fragilité comparable à celle des ailes du pa-

7.

pillon ; pour ceux-ci, quand on veut tirer un grand nombre d'épreuves , je conseillerai le vernis de MM. Sœhnée frères, cité du Waux-hall, 8.

On l'étend sur l'image négative de la même manière que le collodion, mais en agissant plus rapidement pour éviter les poussières ; pendant que le vernis coule encore , on dresse la glace appuyée contre un mur (le collodion en dedans) sur l'angle qui donne issue au liquide et sur un carré de papier buvard. Si, quelques instants après, on voyait le vernis se couvrir d'un voile blanchâtre , voile qui ne paraît qu'à une basse température , on l'approcherait d'un bon feu de braise et il reprendrait sa limpidité. Il est toujours plus prudent de faire chauffer le cliché avant et après l'opération (1).

(1) Lorsque le collodion est de bonne nature, qu'il s'argente sous le frottement, qu'il est tenace enfin, on peut se dispenser de vernis, surtout si le cliché n'est pas destiné à tirer un grand nombre d'épreuves. J'ai des clichés non vernis qui ont tiré des centaines d'épreuves, et des clichés vernis qui en ont tiré plus de 300 ; mais, il faut le reconnaître, si le cliché verni gagne en solidité, il perd toujours un peu en pureté.

CHAPITRE XIV.

Notes pour les négatifs.

NOTE 1.

De même que la constitution chimique du collodion ioduré est sujette à de grandes variations, de même le bain de nitrate d'argent subit une succession de changements qui peuvent désespérer l'expérimentateur le plus habile et le plus patient.

Pour se rendre bien compte des remèdes à employer dans ces cas si fréquents, il faut s'être appliqué à comprendre la condition dans laquelle se trouve un bain neuf, et avoir étudié les changements qui surviennent à mesure que l'on opère. Un bain neuf est presque toujours acide, ont écrit quelques auteurs, et dans cet état, ajoutent-ils, il est peu propre à donner de bons résultats.

Un bain d'argent neuf est, au contraire, presque toujours neutre, et donne en effet de fort mauvais résultats, tandis qu'un bain qui a sensibilisé une dizaine de glaces, et qui rougit fortement le papier de tournesol, donne de très-bonnes épreuves. Toutefois, on ne saurait en conclure qu'il devient meilleur en vieillissant ; car, si l'on continuait à s'en servir sans le modifier, on s'apercevrait assez vite qu'il a dégénéré. Et comment en serait-il autrement ? Le bain était neutre d'abord, il est devenu acide, et sa constitution chimique a dû subir aussi une succession de changements sensibles, à mesure que chaque glace a enlevé de l'argent et abandonné de l'alcool, de l'éther, de l'iode, etc. On doit alors, non pas le changer, mais ajouter à ce bain déjà un peu vieux une solution neuve, et à raison de sept pour cent. Ceci est d'autant plus facile que, si l'on n'a mis dans la cuvette que la quantité de bain nécessaire pour baigner la glace, on sera forcé pour la noyer de recourir au remède. On maintiendra ainsi le liquide dans la condition d'un bain que j'appellerai fait, ni trop nouveau ni trop vieilli, mais, dans tous les cas, parfaitement bon.

Quelques opérateurs ont conseillé l'addition de l'acide acétique au bain d'argent; mais l'acide acétique est le plus mauvais des agents, il empêche les blancs de venir noirs; un semblable bain ne peut plus donner que des épreuves uniformément grises.

D'autres photographes ont proposé qui l'alcool, qui l'iodure de potassium, qui même le collodion; nous ne saurions admettre ces mélanges, et nous pensons qu'un bain neuf à faible dose, puis renforcé successivement, est ce qui convient le mieux.

Note 2.

On peut régler à peu près de la manière suivante le temps des poses. Ces règles sont inutiles pour le photographe déjà initié, mais elles peuvent avoir quelque intérêt pour le commençant.

Paysage en lumière. — Objectif pour vues, muni de son petit diaphragme, en été, avant midi, deux minutes.

Mais, répétons-le encore, trois minutes valent mieux que deux, l'image vient plus vite.

Portrait. — Objectif allemand, quatre-vingts millimètres (grandeur normale).

1° Belle lumière diffuse, 2 à 4 secondes ;
2° Lumière diffuse faible, 3o à 4o secondes.

Avec objectif français en général, à long foyer, le temps de la pose doit être à peu près double.

A mesure qu'on éloigne l'objectif du sujet, l'image se forme plus vite, si l'on opère de loin avec un objectif double, et sur des objets vivement éclairés, l'impression est instantanée.

A mesure qu'on approche l'objectif du sujet, l'image devient plus grande, elle est plus longue à se former dans la chambre obscure, etc., etc.

A l'aide de ces données principales, l'opérateur pourra juger, approximativement, la quantité de secondes ou de minutes exigées par telle ou telle lumière, telle ou telle distance de l'objectif au sujet, etc., etc., pour l'impression convenable de la couche sensible.

Note 3.

Le dosage de l'acide pyrogallique doit être varié à l'infini, ainsi que celui de l'acide acétique; pour bien comprendre ceci, il faut connaître les propriétés fondamentales de ces deux agents en photographie.

L'acide pyrogallique, employé seul, est un agent réducteur des plus énergiques.

L'acide acétique ajouté préserve les blancs, les défend de l'action trop puissante de l'acide pyrogallique, les empêche de noircir trop vite.

De là cette conséquence : 1° plus le mélange contient d'acide pyrogallique, plus l'image vient vite; 2° plus la proportion d'acide acétique est grande, plus l'image en est retardée. Si l'acide pyrogallique est en excès, l'image apparaîtra vite, mais avec des oppositions trop fortes d'ombre et de lumière : on appelle ces clichés *blanc et noir*. Si, au contraire, c'est l'acide acétique qui domine, l'image restera uniformément grise; il n'y aura plus de contraste suffisant de lumière et d'ombre :

dans l'un et l'autre cas, ce sont de mauvais résultats.

En restant dans un juste milieu, en n'employant pas ces agents en excès, en réglant leurs proportions en raison de la lumière plus ou moins vive émise ou réfléchie par l'objet, on arrivera à des résultats identiques, c'est-à-dire bons et toujours bons.

Prenons un exemple :

Si la personne à reproduire est blanche, si elle est habillée d'habits de couleur claire, gris, bleus, violets, etc., il n'y a pas de différence ou de contraste dans la lumière émise par les diverses parties, et la figure viendra évidemment en même temps que les habits; les couleurs se fixeront dans leur degré de lumière relative, il n'est donc pas besoin d'empêcher les blancs de noircir trop vite, il vaut mieux, au contraire, leur laisser prendre un peu de vigueur.

1re SOLUTION :

Eau distillée.	100 grammes.
Acide acétique cristallisable . .	3 —
Acide pyrogallique	0,3 décig.

2ᵉ SOLUTION :

Eau distillée . . . . 100 grammes.
Nitrate d'argent 2   —

Avec ce dosage on peut diminuer le temps de la pose , et les tons ne seront pas heurtés, ou plutôt ils auront certaines oppositions qui se feront valoir, ce qui n'aurait pas lieu avec un autre dosage, le suivant, par exemple :

Pour une personne au teint blanc, vêtue d'habits de deuil, vert ou marron, etc., j'adopterais cette nouvelle combinaison, à proportion plus forte des deux acides, mais où l'acide acétique est en excès.

1ʳᵉ SOLUTION :

Eau distillée. . . . . . . 100 grammes.
Acide acétique. 14   —
Acide pyrogallique . . . . . 0,8 décig.

2ᵉ SOLUTION :

Eau distillée. . . . . 100 grammes.
Nitrate d'argent 4   —

Dans le premier cas, le rapport de la quantité d'acide acétique à la quantité d'acide pyrogallique était dix; il est près de dix-huit dans le second : le temps de la pose devant être plus considérable à cause des habits, il fallait une grande proportion d'acide acétique pour empêcher la figure de noircir trop vite et permettre aux habits de sortir, de venir à point.

Entre les deux points de cette échelle, l'opérateur intelligent saura modifier convenablement ses proportions.

Il existe plusieurs agents révélateurs; dès le commencement je les ai expérimentés; mais j'ai toujours reconnu la supériorité de l'acide pyrogallique sur les sulfates de fer, à cause surtout de ses propriétés que je viens de faire ressortir.

Avec les sulfates, protosulfates, etc., on n'arrive jamais ou presque jamais à amener l'épreuve au ton voulu; l'image se produit instantanément sous l'influence des sulfates, mais, ou elle s'arrête tout à coup et ne prend plus de vigueur, ou bien elle noircit trop si la pose a été trop prolongée : c'est un défaut capital, il suffit à lui seul pour faire rejeter ce réactif. Du reste, bien moins énergique que l'acide pyrogallique, il n'a guère sur celui-ci que le faible avantage de donner des tons plus doux, généralement plus convenables pour des épreuves positives directes sur toile ou sur verre.

NOTE 4. — *Des images positives par réflexion.*

Lorsque la glace sensibilisée reçoit dans la chambre obscure l'action de la lumière, si cette lumière est assez vive, les sels d'argent sont décomposés également partout; mais relativement, et sous l'influence des agents révélateurs, l'image latente se développera avec des rapports de tons propres à une belle épreuve négative. Dans le cas d'une exposition insuffisante, le sel d'argent ne sera décomposé qu'aux endroits lumineux : or, comme ces endroits altérés correspondent justement aux endroits éclairés du modèle, l'image ne sera d'abord visible qu'à ces endroits ; ce qui constitue ces parties visibles sera un sel insoluble d'argent, une réduction métallique ; les parties noires de l'image, les habits, par exemple, auront à peine été marqués ; soumis à l'action dissolvante de l'hyposulfite de soude concentré, le collodion, en perdant l'iodure d'argent libre, deviendra d'une transparence extrême dans les parties peu impressionnées par la lumière, pendant qu'il restera opaque dans les parties fortement modifiées, etc. Si l'on place alors la glace sur un objet noir, on verra une image positive par réflexion : en effet, les parties métalliques de l'image ne laisseront point paraître le fond noir sur lequel l'image est posée, tandis que les noirs qui ont conservé une grande transparence le laisseront apercevoir.

On comprend que si l'on charge encore les points opaques de l'image d'un sel d'argent ou de mercure par une dissolution faible du bichlorure de ce métal, l'on aura une image moins terne.

Si, donc, l'épreuve n'est pas assez complète comme négatif, et qu'on désire la conserver comme positif direct, on lui fera subir cette dernière opération.

L'image étant fixée et lavée comme page 97, on la couvre de la dissolution suivante :

Eau distillée.	100 grammes.
Bichlorure de mercure	5 —
Acide chlorhydrique pur . . .	1 —

Quelques instants après, l'épreuve noircit, mais elle reprend bientôt un grand éclat, et se complète par des tons blancs qui ne laissent rien à désirer.

Lavez et faites sécher.

Une couche de vernis noir appliquée sur le collodion terminera l'épreuve.

NOTE 5.

Le transport du collodion sur toile cirée, cuir, toile, etc., n'est pas une invention nouvelle, et les résultats de cette découverte sont si pauvres que je pourrais les passer sous silence; essayons, cependant, de décrire le procédé.

Lorsque l'image positive par réflexion est fixée, lavée, etc., terminez le lavage par une eau légèrement gommeuse, mettez un instant la glace sur l'angle et sur papier buvard, et laissez-la égoutter; pendant ce temps coupez un carré de toile cirée noire très-belle, de dimension moindre que la glace, faites-la chauffer un instant en hiver, posez la glace à plat sur une main de papier, et appliquez la toile cirée sur le collodion en commençant par un côté de la glace, et avançant peu à peu vers l'autre;

passez votre main dessus pour faire adhérer la
toile, retroussez le collodion sur la toile, il a fait
corps avec elle, relevez un peu un angle et essayez
de soulever la couche de collodion ; aidez même au
besoin, en introduisant quelques gouttes d'eau. Si
le collodion est de nature tenace, c'est-à-dire s'il est
fait sans alcool, il se détachera de la glace facilement et sans solution de continuité, laissez sécher,
il n'est même pas besoin de vernis.

NOTE 6.

Il y a plusieurs moyens de fixer l'épreuve négative, mais je donne la préférence à celle décrite
page 97 (eau saturée d'hyposulfite). Cependant,
si le cliché est faible, l'hyposulfite concentré, en
enlevant tout l'iodure libre, rendra la couche de
collodion trop translucide, et la transmission des
rayons solaires se faisant sans obstacle, leur action sera trop vive, la réduction métallique trop
abondante, le positif sera heurté, mauvais.

Dans le cas où un cliché serait faible, on pourrait le conserver dans de bonnes conditions en le

fixant avec le chlorure d'or, destiné à faire virer les épreuves positives après le fixage (chlorure d'or alcalin), page 137. Une minute suffit, l'iodure libre ne disparaît pas, mais il est fixé, le cliché conserve sa couleur opaline un peu bleue ; ce négatif sera très-lent à produire une épreuve positive, mais elle sera d'une grande douceur.

—·——o◉o——·—

DU PAPIER POSITIF ET DES ÉPREUVES.

PRÉPARATION DU PAPIER.

———o₀o———

CHAPITRE XV.

1ʳᵉ Opération. — Papier salé.

Faites dans un flacon une solution de :

Eau distillée. . . . . 800 grammes.
Sel (chlorure de sodium pur) (1) .   48   —

Agitez le flacon et laissez déposer ou filtrez.
Coupez le papier proprement, ne le touchez que

---

(1) On peut employer le sel de cuisine, mais il est rarement pur; on doit donc donner la préférence au sel ammoniac (chlorhydrate d'ammoniaque) : ce sel est toujours pur; moins hygrométrique, il donne des tons plus noirs. 4 p. o/o suffisent.

8.

par les angles, essuyez la cuvette destinée au bain
de sel, versez la solution en décantant avec soin,
prenez une feuille par deux angles diagonalement
opposés, courbez-la en rapprochant les deux
mains, posez l'angle de la main gauche sur le bain,
en accompagnant le papier avec la droite ; lorsque la feuille est sur le bain, prenez la cuvette des
deux mains, imprimez-lui un mouvement de va-et-
vient, et immergez la feuille ; s'il se forme quelques
bulles, soufflez dessus pour qu'elles disparaissent.
Prenez une seconde feuille et continuez ainsi, tant
que la cuvette en pourra mouiller ; retournez le
paquet dans le bain, laissez-le huit à dix minutes
(*voir* note 1re), enlevez le par un angle, laissez-le
égoutter et posez-le sur plusieurs doubles de papier buvard.

Ayez une main de papier buvard rose ou
blanc (1), prenez une feuille de papier salé,
toujours par l'angle, et posez-la au milieu du
cahier (2), pressez légèrement dessus d'abord,

----

(1) Le papier buvard rose absorbe très-bien, mais il peluche
beaucoup ; je préfère le papier jésus (musique) blanc, quoique
moins buvard.

(2) Ce cahier ne peut servir indéfiniment : il vient un jour

pour absorber la première humidité, changez-la de place en la mettant vers le haut du cahier; frictionnez plus vigoureusement, non plus avec la main, mais avec un corps solide à surface plane, avec l'obturateur de l'objectif, par exemple; replacez-la de nouveau entre les premières feuilles du cahier, et frottez encore plus fort, de manière, enfin, à absorber le plus d'humidité possible et bien également; j'insiste sur ce point; le papier saxe, petit format, est surtout très-difficile à sécher; s'il n'a pas été frictionné également sur toute sa surface, la couche de chlorure d'argent ne sera pas uniforme, l'épreuve sera mouchetée, marbrée.

Immédiatement après cette préparation, le papier salé peut être mis sur le bain d'argent, le chlorure ne s'en formera que mieux; si au contraire vous voulez le garder, piquez-le (1) contre une planche étagère du laboratoire et ne le serrez que lorsqu'il sera complétement sec (*V.* note 2).

---

où il est trop chargé de sel; passez la main sur les feuilles du milieu, si elles sont rudes au toucher, mettez-les au rebut.

(1) On doit coller sur l'épaisseur des tablettes du laboratoire une feuille de liége de 5 ou 7 millimètres d'épaisseur, destinée à tenir les épingles des papiers.

CHAPITRE XVI.

2ᵉ Opération. — Bain d'argent (1).

    Eau distillée.   .   .   .   .   .   200 grammes.
    Azotate d'argent   60   —

Cette solution faite d'avance doit être décantée avec soin dans la cuvette destinée à cet usage, et même filtrée de temps en temps.

Mettez-en une couche de 4 à 5 millimètres de hauteur dans la cuvette; prenez la feuille salée par

---

(1) Ce bain s'appauvrit vite; après douze feuilles normales préparées, il faudra l'enrichir de 5 ou 6 grammes d'azotate d'argent.

les deux angles opposés; choisissez l'envers (1) (côté qui offre l'aspect d'une toile), marquez-le du signe ✕, faites une corne de 15 millimètres environ, relevez-la en équerre et repliez-la fortement sur elle-même, posez le bon côté sur le bain en abandonnant la feuille de la main gauche et l'accompagnant doucement avec la droite; laissez-la 4 ou 5 minutes, relevez-la par la corne et piquez au liége le coin sec.

Si l'on enfonce l'épingle dans le papier humide, il se forme une tache diagonale de cuivre sur la feuille, à moins que l'épingle ne soit d'argent.

Laissez sécher dans une obscurité absolue, puis mettez les feuilles dans un carton hermétiquement fermé, mais sans les tasser (2).

---

(1) Si l'on regarde le papier destiné « positif avant le bain de sel, il est difficile de reconnaître l'envers; mais, lorsqu'il a été mouillé, le grain ressort, et le tissu, espèce de trame, se laisse facilement apercevoir.

(2) Ce papier ne conserve pas longtemps sa blancheur; il ne faut guère en préparer que pour les besoins du lendemain, en été surtout; en hiver, après huit jours même, il n'a pris qu'une légère nuance violette, et il est apte à donner encore une bonne épreuve.

CHAPITRE XVII.

3ᵉ Opération. — Faire l'épreuve positive.

Nettoyez avec soin le derrière de la glace négative et aussi la glace du châssis-presse; posez le
négatif sur la glace de fond du châssis, le collodion
en dessus, couvrez-le avec le papier positif du côté
préparé, ajoutez sur celui-ci trois feuilles de papier
blanc et propre, puis une feuille de caoutchouc
vulcanisé de 2 millimètres d'épaisseur; posez les
deux glaces jumelles dessus, introduisez les deux
coulisses, pressez les vis, ni trop ni trop peu.

Exposez le châssis aux rayons directs ou à la lumière diffuse, mais toujours perpendiculairement au rayonnement lumineux.

On ne saurait déterminer le temps nécessaire à la venue d'une belle épreuve; cela tient à la lumière et aussi au cliché qui peut être plus ou moins translucide, plus ou moins vigoureux; en été avec un cliché ordinaire, il suffit à peu près de 10 minutes par un beau soleil. En hiver par un temps gris, humide, il faut 2 heures, 4 heures, quelquefois même des journées entières. Dans tous les cas, on doit laisser venir l'image bien plus noire qu'on ne veut l'obtenir, puisqu'elle perdra beaucoup au fixage; en général il faut que les noirs profonds de l'épreuve commencent à prendre la teinte vert olive (*V*. note 3); du reste il faut regarder l'épreuve de temps en temps et s'assurer de sa *venue*; à cet effet on dévisse l'une des coulisses, on enlève une glace, et l'on regarde de ce côté pendant que l'autre reste fixé.

CHAPITRE XVIII.

4ᵉ Opération. — Fixer l'épreuve positive.

Si au sortir du châssis-presse on laissait cette image exposée au soleil ou même à la lumière diffuse, on comprend que le chlorure d'argent libre noircirait aussitôt, et l'épreuve serait perdue. Il faut donc la fixer sans retard.

A cet effet, plongez-la dans une bassine pleine d'eau ordinaire et laissez-la pendant une ou deux minutes ; lorsqu'elle en est pénétrée, mettez-la dans le bain suivant :

Bain fixateur.

Eau ordinaire . . . . . . 500 grammes.
Hyposulfite de soude . . . . 50 —

Tournez et retournez plusieurs fois pendant la première demi-heure ; après 3/4 d'heure, relevez l'épreuve et regardez-la par transparence. Si la pâte du papier est pure, si elle n'a point l'aspect poivré (*V.* note 5) elle est fixée, on pourrait l'ôter ; cependant et par excès de précaution, laissez-la encore quelques minutes ; lorsque l'épreuve est fixée, il faut la rincer avec soin et la mettre dans une bassine pleine d'eau (*V.* note 6) ; changez souvent cette eau, surtout si la cuvette est petite ou si plusieurs épreuves baignent ensemble. Après plusieurs heures (12 h. suffisent), l'épreuve est fixée ; cependant, si l'on veut assurer à l'image une grande durée, il faut la laisser au moins 20 heures et dans une assez grande masse d'eau.

L'on peut sécher l'épreuve dans du papier buvard et même devant le feu, mais il est peut-être mieux de la suspendre et de la laisser sécher naturellement : elle est terminée ; cependant, si le photographe a à sa disposition un laminoir (1) avec plaque d'acier ou pierre lithographique, il devra la satiner, elle gagnera beaucoup en finesse et en détail.

------

(1) M. Aubert, mécanicien, rue Grenier-Saint-Lazare, 11, a déjà fait une trentaine de laminoirs de ce genre pour mes élèves, et tous parfaitement construits.

CHAPITRE XIX.

Notes pour le papier positif et le tirage des épreuves.

La préparation du papier positif est très-facile, le tirage de l'épreuve ne présente aucune difficulté sérieuse, et, avec quelques précautions, on peut toujours, et à coup sûr, arriver à un bon résultat.

Toutefois, il est bon que le photographe soit suffisamment au fait des propriétés des agents chimiques qu'il emploie, afin qu'il puisse, à volonté, les changer, les modifier, les supprimer.

NOTE 1.

Le sel ordinaire, le chlorure de sodium pur, le sel ammoniac, en un mot, tous les chlorures ont pour propriété fondamentale de décomposer les sels d'argent. Quelque faible que soit le bain de sel, quelque faible que soit la proportion de sel dont le papier s'est imbu, quelque légère que puisse être la solution de nitrate d'argent et la couche de chlorure d'argent, qui se formera sur la feuille, le papier ainsi préparé, mis en contact avec le négatif, donnera une épreuve positive; mais cette épreuve sera-t-elle dans les conditions voulues, de force, de profondeur, de couleur, de durée? Bien certainement non. Quelques auteurs ont conseillé, cependant, des bains de sel faibles, et recommandent de ne laisser la feuille *sur* le bain que deux ou trois minutes. Je crois que c'est une erreur, surtout si le papier est fort et satiné. Le dépôt de sel sera trop superficiel, et le chlorure d'argent sera lui-même très-faible. Je pense donc qu'il faut *immerger* la feuille dans le bain de sel, et la laisser assez longtemps, pour qu'elle en soit pénétrée, afin que le chlorure d'argent se forme dans la pâte ; c'est à cette condition seulement qu'on obtiendra une bonne impression, des tons riches, une image durable.

Avec un chlorure d'argent superficiel, on a des épreuves faibles, supportant à peine le fixage, et s'affaiblissant de jour en jour ; au contraire, avec un chlorure d'argent profond, et toutes choses égales d'ailleurs, les épreuves sont fortes et indélébiles.

Résumons.

Plus il y a de sel, plus il se formera de chlorure d'argent ; plus il y aura de décomposition sous l'influence des rayons lumineux, et plus la résistance dans le fixage sera grande. Dans les bains de chlorure d'or, les tons viendront plus beaux, la durée de l'épreuve sera indéfinie.

NOTE 2. — *Du papier albuminé.*

Ce papier, peu artistique pour la reproduction du portrait ou du paysage, est indispensable pour les reproductions stéréoscopiques, les objets d'art, les bronzes, les ciselures, etc., etc.

Ce flou, si bien compris des artistes, cette couleur harmonieuse, obtenue par les préparations ordinaires, et qui, en se rapprochant de l'aquatinta, donne au portrait un cachet de belle facture, serait un vrai contre-sens, lorsqu'il faut des lignes d'une grande pureté, d'une grande finesse, un dessin bien arrêté, presque dur.

La préparation albumineuse peut donc être de quelque utilité dans certains cas, mais elle est surtout indispensable pour les vues stéréoscopiques.

Plusieurs dosages réussissent également bien, je n'en donnerai qu'un, laissant à l'opérateur intelligent le choix d'une albumine plus ou moins forte, me bornant à rappeler que plus il y a d'eau dans l'albumine, moins le vernis est brillant.

Mettez dans une capsule ou dans un grand vase profond, après avoir ôté les germes,

Blancs d'œuf.	400 grammes.
Eau saturée à froid de chlor-	
hydrate d'ammoniaque. .	100 —

Battez jusqu'à neige avec une fourchette d'argent ou de buis, et, lorsque la mousse se soutient, mettez à l'abri de la poussière et laissez reposer quinze ou vingt heures.

Au moment de vous en servir, décantez avec soin le liquide dans la cuvette destinée au bain de sel.

La solution albumineuse remplace le bain salé (première opération du positif). Marquez l'envers de la feuille du signe X, et posez-la sur cette solution de la même manière que sur le bain d'argent, mais avec des précautions bien plus grandes, pour éviter les bulles, relevez-la même peu à peu, pour vous assurer qu'il n'y en a point, et faites-les disparaître s'il s'en est formé.

Laissez la feuille *sur* ce bain pendant dix minutes, et suspendez-la par l'angle sec, mettez un morceau de papier buvard à l'angle opposé.

Lorsque les feuilles sont sèches, et avant de les soumettre à la deuxième opération (bain d'argent), mettez-les une à une entre deux feuilles de papier blanc et propre, et passez dessus un fer à repasser modérément chaux. Le papier reprend sa forme, et l'albumine coagulée devient insoluble.

Le chlorure d'argent se forme plus lentement sur la feuille albuminée ; si vous voulez des tons moins rouges, laissez la feuille sur un bain d'argent à vingt-cinq pour cent au moins, pendant dix minutes.

Note 3.

Si l'image a dépassé le ton vert olive dans les noirs, elle est trop venue, elle ne perdra pas le ton vert bronze métallique dans le bain fixateur; avant donc de la plonger dans ce bain, il faut la dépouiller de l'excès de réduction : à cet effet, mettez-la d'abord dans l'eau, et laissez-la s'imprégner pendant une minute; jetez l'eau et couvrez-la d'une solution de chlorure d'or acide (1); suivez attentivement l'action du chlorure d'or sur l'épreuve : s'il est neuf, l'effet est instantané, sitôt

---

(1)   *Chlorure d'or acide :*

Eau distillée . . . . . . 1000 grammes.
Chlorure d'or . . . . . . 1 —
Acide chlorhydrique. . . 10 —

Il ne faut pas jeter la solution qui vient de dépouiller une épreuve, ni la remettre dans le flacon qui contient le chlorure d'or *neuf.* On la conserve dans un flacon à part, et l'on s'en sert pour commencer à dépouiller une épreuve qui ne serait pas trop forte.

que le ton bronze a disparu, pressez-vous, remettez la solution dans un flacon, et lavez l'épreuve à grande eau, plongez-la alors dans le bain fixateur et continuez les opérations comme page 124.

Lorsque vous dépouillez une épreuve trop venue, pressez-vous et ne la laissez juste que le temps nécessaire, plutôt moins ; ce bain est très-actif et l'épreuve pourrait trop perdre ; ou bien traitez-la d'abord par le bain *vieux*, surtout si elle ne demande qu'à être légèrement affaiblie.

Les tons bleus ou noirs, mais un peu froids, obtenus par ce moyen, conviennent surtout à certaines reproductions de la nature morte, aux ruines, aux cloîtres, aux forêts, etc., et le photographe pourra, à dessein, amener ses épreuves au vert bronze métallique lorsqu'il aura besoin de ces effets.

Quelques paysages du Midi, au contraire, les rochers, les fabriques, veulent les tons chauds, un peu rouges, il en est de même des académies. On les obtient facilement en fixant à l'ammoniaque (1),

---

(1)   Eau ordinaire . . . . 100 grammes.
    Ammoniaque pure . . . . . 12 —
Lorsque l'épreuve a été mouillée dans l'eau ordinaire, on la

ou en mêlant au bain d'hyposulfite quelques grammes d'acétate de plomb dissous. Une épreuve fixée à l'hyposulfite de soude (bain neuf) et d'un ton roux sale, peut être ramenée aussi à un ton chaud et harmonieux par une immersion plus ou moins prolongée dans un bain de chlorure d'or alcalin. (*Voir* note 6.)

Note 4.

L'hyposulfite de soude a pour propriété en photographie de dissoudre les sels d'argent libres non impressionnés et de changer en sulfure d'argent ceux qui ont été modifiés par la lumière. Employé *neuf* et seul, cet agent donne aux épreuves un ton roux, sale et désagréable.

Quelques photographes ont imaginé de le mélanger avec une certaine proportion d'argent afin de donner aux images ce ton bleu violet velouté qui

---

met dans ce bain; elle rougit tout d'abord; quelques minutes après, on la met dans le bain d'hyposulfite de soude, où elle achève de se fixer.

plaît assez généralement. Mais la présence et l'action du sel d'argent poussent sans cesse l'épreuve au noir, et c'est un inconvénient grave.

M. Malone a proposé l'emploi de la potasse comme agent fixateur, et M. Hunt pense que cet emploi assure aux épreuves une durée beaucoup plus grande que les solutions de chlorure d'or, conseillées par M. Legray.

Je ne saurais partager l'opinion de M. Hunt ; l'hyposulfite, employé en solution neuve ou à peu près, me paraît le meilleur agent fixateur, et le chlorure d'or, le moyen le plus efficace de faire virer les épreuves au noir, en passant par les tons rouge, violet et bleu.

Des expériences suivies depuis deux ans, dans le but de constater la valeur des différents agents fixateurs, ne sauraient me laisser aucun doute à cet égard.

Un bain d'hyposulfite qui aura fixé plus de vingt épreuves, ne peut plus être considéré comme neuf ; on doit alors, si on le conserve, nettoyer la cuvette, le filtre, et ajouter au moins une quantité égale de solution fraîche.

Les acides dont on a conseillé l'introduction dans le bain d'hyposulfite pour obtenir de beaux tons me paraissent de véritables agents destructeurs des épreuves. On a beau laver et relaver, l'image s'affaiblit toujours. J'ai constaté que, malgré toutes les précautions, en dépit d'un lavage à l'eau, long et souvent renouvelé, une épreuve ainsi fixée devenait jaune et disparaissait complétement après un temps plus ou moins long.

Note 5.

Après un quart d'heure de bain, l'épreuve vue par transparence a un aspect poivré, comme si elle était recouverte de poivre en poudre. C'est le précipité métallique dont elle se débarrasse peu à peu sous l'action du bain fixateur ; il est essentiel que toute trace de métal ait disparu : il est difficile de dire d'avance après quel temps l'épreuve est fixée ; ce temps, en effet, dépend de la quantité de chlorure d'argent déposé, de la force du bain fixateur, de celle du papier, etc. D'un autre côté, l'aspect général ou l'apparence extérieure de l'épreuve ne fournissent aucun signe auquel on puisse reconnaître que le fixage est complet.

Force est donc de regarder par transparence pour s'assurer du degré de fixation.

Si la feuille vous semble entièrement débarrassée de sel d'argent libre, laissez-la encore, pour plus de sûreté, pendant dix minutes dans le bain.

NOTE 6.

Nous avons dit que le bain d'hyposulfite *neuf*, ou à peu près, laissait aux épreuves un ton roux sale peu agréable ; donnons le moyen de les faire passer à un ton plus harmonieux.

Faites le bain suivant :

Dans un flacon de demi-litre mettez :

1re SOLUTION :

Eau distillée . . . . 300 grammes.
Chlorure d'or . . . . 1 —

Dans un flacon d'un litre mettez :

2e SOLUTION :

Eau distillée . . . . 300 —
Hyposulfite de soude . . . 4 —

Lorsque ces deux sels sont dissous, versez la première solution dans la seconde peu à peu et en agitant.

Ce bain, qui, à peu de chose près, est celui destiné à fixer les images sur plaque métallique, mis dans une cuvette en quantité suffisante pour couvrir l'épreuve, la fera virer au noir, en passant par les teintes rouge, violette, bleue : le photographe pourra arrêter l'action du bain sur le ton qu'il préfère.

Si cependant l'épreuve était mise dans ce bain immédiatement après celui d'hyposulfite, elle resterait d'un ton rouge, ou perdrait la demi-teinte pour arriver au bleu.

Pour obtenir un ton plus près du bleu noir, il faut laisser l'épreuve se dégorger du bain fixateur, dans l'eau, pendant deux heures, avant de la soumettre au bain de chlorure d'or.

En hiver cette solution agit lentement ; pour en activer l'effet on peut la chauffer à 30 ou 40° au bain-marie.

Ce bain s'affaiblit ou vieillit ; on doit conserver à part la solution neuve et celle qui a déjà servi ; cette dernière servira à commencer la transformation des épreuves.

J'insisterai principalement sur ce point : le lavage à grande eau et souvent renouvelé des épreuves après les bains d'or ou d'hyposulfite. Je ne laisse jamais moins de vingt heures mes épreuves se dégorger, en changeant souvent l'eau des cuvettes.

Il est évident que plus elles seront lavées et plus on pourra compter sur leur durée sans altération.

———•◉•———

PHOTOGRAPHIE CHINIQUE.

CHAPITRE XX.

Photographie chimique.

Les chimistes divisent les corps en *corps simples* et en *corps composés*. Les corps composés sont ceux dont on peut extraire plusieurs substances, différant entre elles par leurs propriétés et différant aussi de la substance primitive.

Tel est le chlorure de sodium (sel de cuisine) (*corps composé*), qui peut être décomposé en chlore et en sodium (*corps simples*), tandis que le chlore et le sodium ne peuvent être séparés en d'autres principes.

Les corps se présentent à nous sous trois états différents : *l'état solide*, *l'état liquide* et *l'état gazeux*; presque tous peuvent être obtenus sous ces trois états. L'eau, par exemple, qui est liquide (*eau*) à la température ordinaire, se réduit à l'état solide (*glace*) par les grands froids, pendant qu'à une haute température elle passe à l'état de gaz (*vapeur*).

On distingue, parmi les corps composés, des *acides*, des *bases* et des *sels*.

On comprend, sous la dénomination générale d'*acides*, les corps qui rougissent la teinture bleue de tournesol, ou qui se combinent avec d'autres corps de nature *basique* bien constatée.

On appelle *bases* les corps qui ramènent au bleu le tournesol rougi, ou qui peuvent se combiner avec des *acides*.

Les *sels* résultent de la *combinaison* des *acides* avec les *bases*.

Des sels peuvent aussi prendre naissance lors de la *combinaison* de deux corps simples. L'*or* et le *chlore* produisent, en se combinant, du *chlorure d'or* (sel).

Deux ou plusieurs corps réunis ensemble, mais

gardant chacun ses propriétés primitives, constituent un *mélange*.

Les corps, dont la réunion détruit, altère ou change les propriétés, constituent, en s'associant, de véritables *combinaisons*.

On peut considérer principalement comme *bases* salifiables tous les alcalis, les terres, les oxydes, etc.

L'*acide* hyposulfureux combiné avec la soude (*base*) donnera naissance à l'hyposulfite de soude (*sel*).

Lorsque deux sels se combinent entre eux, et forment des composés plus complexes, l'on donne à ces composés le nom de *sels doubles*.

Ainsi, le chlorure d'or combiné avec l'hyposulfite de soude, pour former la solution employée au fixage des épreuves sur doublé d'argent, peut prendre le nom de *sel double d'or et de soude*.

Les dissolvants employés en photographie sont principalement l'*eau*, l'*alcool*, l'*éther*. Ces dissolvants ont plus ou moins d'action sur les corps, et ils n'exercent pas tous une action identique sur la même substance. Leur activité dépend beaucoup de leur degré de température. Certains sels sont insolubles dans l'éther ou l'alcool anhydre, tandis que l'eau en dissout une proportion considérable : tel est l'iodure de potassium.

L'iode, au contraire, fort peu soluble dans l'eau, se dissout parfaitement dans l'alcool.

Un liquide *anhydre* ou *absolu* est celui qui ne contient pas d'eau : celui qui en contient, mais en petite quantité (un seul *équivalent*), est dit *monohydraté* ; enfin, on donne le nom de *hydraté* à un corps qui contient beaucoup d'eau. On appelle anhydre la chaux vive, tandis que le lait de chaux, ou la chaux éteinte, prend le nom de chaux hydratée.

Les expressions : alcool à 32°, à 36°, à 40°, etc., indiquent diverses espèces d'alcool hydraté, étudiées à l'aide du *pèse-esprits de Cartier*, dont le 0° correspond à l'eau pure, et le 44° à l'alcool absolu.

On dit qu'un sel est *hygrométrique*, lorsqu'il s'empare facilement de l'humidité de l'air : tel est le chlorure de sodium. Le chlorure d'or est un sel *déliquescent* par excellence, car il ne peut être exposé au contact de l'air humide sans qu'il n'absorbe assez d'eau pour se transformer en liquide.

Le mot *efflorescent* est diamétralement opposé

au mot déliquescent et sert à désigner un sel dont les cristaux exposés à l'air perdent de l'eau au lieu d'en prendre, de telle sorte qu'ils se divisent et tombent en poussière.

Une dissolution est dite aqueuse, alcoolique, éthérée, suivant le corps liquide employé pour l'obtenir.

Un liquide est *concentré*, lorsqu'il contient une grande quantité de sel.

Il est *saturé*, lorsqu'il ne peut plus dissoudre de ce même sel, et qu'il en reste un léger dépôt au fond du vase.

Nous avons dit que les dissolvants avaient un pouvoir plus ou moins énergique sur certains corps ; il en résulte que tous ne dissolvent pas les mêmes quantités de ces corps. Nous devons ajouter que pour charger un liquide à saturation complète, il faut un certain temps, qui varie suivant la température et l'énergie du corps dissolvant (1).

---

(1) L'iodure de potassium étant un sel insoluble dans l'alcool anhydre, il faudra, pour obtenir la solution alcoolique saturée d'iodure de potassium, employer l'alcool à 36° ou 35° et prendre la précaution de porphyriser le sel dans un mortier de verre ou de porcelaine ; il faut surtout faire cette saturation quelques jours à l'avance et à froid.

10.

La *dissolution*, la *saturation* et la *concentration* des corps sont presque, dans tous les cas, nécessaires pour obtenir la *cristallisation*.

Lorsqu'un corps passe lentement de l'état liquide ou gazeux à l'état solide, il est souvent susceptible de prendre des formes régulières qui prennent le nom de *cristaux*.

Les mots *dissolution, solution,* désignent l'état d'un corps solide tenu à l'état liquide au moyen d'un *dissolvant*.

Décanter, c'est l'action de séparer un liquide du dépôt formé au fond du vase, en versant avec précaution ou en soutirant le liquide au moyen d'une pipette. Ce petit instrument est surtout indispensable pour puiser le chlorure d'or destiné au fixage des plaques daguerriennes, et le séparer ainsi d'un petit dépôt pulvérulent qui ne manquerait pas de piquer les épreuves. On ne peut filtrer cette solution, ainsi que bien d'autres, qui laisseraient leur sel dans le filtre. Dans bien des cas, au contraire, il vaut beaucoup mieux filtrer. Le collodion doit être filtré avec soin.

Le filtre doit être pointu et entièrement enfoncé dans l'entonnoir. On doit le faire avec du papier blanc et propre (papier Berzélius).

On appelle *précipité* le résultat de l'action d'un corps ayant avec un autre corps une affinité telle, qu'il sépare ce dernier du corps liquide auquel il était associé. Le chlorure de sodium *précipite* une solution d'argent, et donne naissance à du chlorure d'argent.

La *réduction métallique* est le passage des oxydes à l'état de métaux par voie de *décomposition*.

Le mot *décomposition* indique l'action par laquelle un composé est réduit en ses éléments.

Le *chlorure d'argent*, exposé à la lumière, se *décompose* ; le *chlore* s'en va, l'*argent* reste sous la forme d'une poudre métallique noirâtre.

Nous voyons par là que la lumière peut décomposer certains corps. La photographie n'a d'autre base que cette propriété des rayons lumineux.

Les oxydes d'argent et d'or, frappés par la lumière, abandonnent l'oxygène ; il en est de même de la plupart des sels de ces deux métaux qui se réduisent en présence de l'agent lumineux.

La réduction des composés d'or et d'argent marche bien plus vite en présence de l'eau et des matières organiques.

Je me suis contenté de donner sommairement

la définition de quelques termes de chimie pratique; je vais continuer par un examen rapide des substances employées en photographie : il est impossible, il serait même inutile d'aborder ici cette étude d'une façon complète, elle exigerait des développements incompatibles avec les bornes de ce petit traité.

Dans tout ce qui va suivre, je me suis borné à décrire quelques propriétés spécifiques des substances que nous allons employer, sans m'imposer d'autre règle que celle d'initier l'opérateur aux préparations nécessaires à son art, et de lui rendre faciles les manipulations auxquelles j'ai dû et je dois toujours des succès certains et non interrompus.

J'ai cherché à éviter une rédaction trop savante, je me suis souvent répété ; l'habitude de professer m'a fait apprécier ce mode d'exposition. Un élève ne se fâchera jamais d'une redite.

J'ose assurer les plus grands succès à celui qui pratiquera rigoureusement mes principes ; et j'offre mes soins à ceux qui ne pourraient pas complétement réussir par ces moyens ; bien persuadé qu'en vingt-quatre heures ils seront passés maîtres.

Un laboratoire de chimie est joint à mon établissement, et un préparateur habile y fait un cours rapide, mais complet, de chimie expérimentale appliquée à la photographie. L'élève, en suivant ce cours, apprendra à préparer tout seul le coton-poudre, le collodion, le nitrate d'argent, etc., de manière à n'avoir plus besoin du secours de personne pour la fabrication des substances indispensables à l'exercice de la photographie.

Eau.

La première combinaison de l'hydrogène avec l'oxygène (le protoxyde d'hydrogène) n'est autre chose que l'eau.

L'eau pure est sans saveur ni odeur, elle est incolore; mais, sous une grande épaisseur, elle prend une nuance verdâtre très-prononcée et devient même complétement opaque. Nous avons vu qu'elle pouvait passer par les trois états : *gazeux, liquide* et *solide;* le zéro du thermomètre centigrade marque la température à laquelle l'eau passe de l'état solide à l'état liquide, le 100ᵐ indique la température à laquelle l'eau passe de l'état liquide à l'état gazeux, sous la pression moyenne de l'atmosphère.

L'eau la plus limpide, celle des rivières et des sources, n'est pas chimiquement pure ; on peut aisément s'en assurer en la faisant évaporer dans une capsule ; on trouvera toujours un résidu.

L'eau de pluie est de l'eau à peu près pure ; et si l'on a soin de la recueillir sur un linge propre, elle peut remplacer l'eau distillée employée comme dissolvant dans les opérations chimiques. Mais il n'est pas toujours facile de recueillir de grandes quantités d'eau de pluie. En Espagne, en Italie, en Orient, il pleut bien moins souvent que chez nous, et l'eau distillée qu'on y vend n'a pas toujours les qualités que son nom lui attribue ; il en est souvent de même en province, où le photographe ne peut, même à des prix exorbitants, se procurer de l'eau pure.

Il serait peut-être bon que dans ces circonstances l'opérateur fût muni d'un petit alambic, et qu'il distillât lui-même son eau. Un petit alambic est peu encombrant ; rien n'est si facile que de distiller de l'eau, et quant à l'économie, elle serait immense. Je ne parle pas des résultats, qui seraient assurément des meilleurs.

L'alambic se compose d'une chaudière sur laquelle s'adapte un couvercle en forme de cloche, terminé par un tuyau recourbé qui communique avec un serpentin ; le serpentin est enfermé dans une cuve cylindrique que l'on doit maintenir toujours pleine d'eau fraîche. L'extrémité du serpentin débouche, en dehors de la cuve, dans un récipient. Rien de plus simple que de chauffer la chaudière, de la maintenir pleine d'eau, ainsi que la cuve, et de recevoir dans un vase l'eau distillée. Du reste on ne saurait jamais trop le répéter, l'eau distillée est indispensable pour toutes les solutions, excepté pour celles d'hyposulfite de soude et d'or.

On peut reconnaître la pureté de l'eau distillée à son odeur d'abord, qui doit être nulle, si l'eau ne contient pas de substances étrangères, à sa transparence et à son action sur les dissolutions de nitrate d'argent et de chlorure de barium. Si ces deux sels, versés séparément dans deux échantillons de l'eau à essayer, déterminent un trouble, des nuages blancs ou des précipités, il faudra

rejeter cette eau-là comme impropre aux opérations photographiques.

Alcool.

Esprit de vin.

L'alcool est le liquide qui se forme pendant la fermentation du vin et des liqueurs sucrées en général. On l'obtient en distillant du vin, de la bière, du sirop de betterave, etc., etc.

En appliquant convenablement les procédés de distillation, on obtient des produits plus ou moins riches en alcool. Enfin, en mettant l'alcool en contact avec des substances qui ont une grande affinité pour l'eau, la chaux vive, par exemple, et le soumettant de nouveau à la distillation, on obtient un alcool anhydre ou absolu.

Le *pèse-esprits de Cartier* ou *l'alcoomètre* de Gay-Lussac servent à déterminer le degré de pureté ou d'hydratation des alcools du commerce.

On recommande ordinairement de faire dissoudre l'iodure de potassium dans l'alcool à 36° ou à 38°, parce que plus l'alcool est faible et plus il peut dissoudre d'iodure. La liqueur sensibilisatrice est d'autant plus active qu'elle est plus iodurée, mais aussi y a-t-il plus à craindre de voir l'image disparaître à mesure qu'elle se forme, ou bien de voir la couche de collodion se marbrer.

On a conseillé d'introduire de l'alcool dans le bain négatif, je crois que c'est par erreur. Lorsque, après avoir préparé plusieurs glaces, le collodion a abandonné dans le bain une certaine quantité d'alcool et d'éther, on n'a plus les mêmes résultats ; l'aspect seul de la glace vous l'indique ; l'agent révélateur ne coule plus sur la surface du collodion que comme sur un corps huileux ; il est temps alors d'ajouter à ce bain une quantité double d'un bain neuf d'azotate d'argent, dans la proportion de 7 p. o/o.

Éther.

L'éther est un liquide très-fluide, incolore, d'une odeur vive et agréable, d'une saveur âcre et brûlante. On l'obtient en traitant l'alcool anhydre par de l'acide sulfurique concentré.

L'éther est très-inflammable, il s'évapore rapidement à l'air, et peut, à cause de cette grande volatilité, produire, dans un endroit clos, des mélanges d'air et de vapeur éthérée, inflammables et détonants.

L'éther agit vivement sur l'économie animale et produit quelquefois une espèce d'ivresse accompagnée d'insensibilité.

On a utilisé cette propriété curieuse de la vapeur d'éther pour procurer l'insensibilité aux personnes qui doivent être soumises à des opérations chirurgicales.

Plusieurs photographes ont pensé, quelques-uns même ont écrit, que l'action de collodioner les glaces était éminemment nuisible. Je puis rassurer ceux qui se livrent à ce genre d'opérations, et je puis leur dire que depuis près de trois ans que je me sature de ces vapeurs, je n'en ai jamais ressenti le moindre dérangement.

L'éther pur doit dissoudre le coton-poudre bien préparé sans addition d'alcool; s'il n'en est point ainsi, c'est que le coton est mal préparé, ou que l'éther n'est pas pur; dans ce cas, il faut l'additionner de quelques grammes d'alcool ; le résultat que l'on obtient par ce mélange d'éther et de coton azotique, constitue le collodion médicinal.

Acide azotique.

Acide nitrique.

Plus communément connu sous le nom d'acide nitrique, à cause du sel de nitre dont on l'extrait, l'acide azotique résulte de la combinaison de l'oxygène avec l'azote.

On le prépare en chauffant de l'azotate de potasse (*nitre ou salpêtre*) avec de l'acide sulfurique concentré. L'acide azotique étant un acide plus volatil que l'acide sulfurique, celui-ci le chasse de sa combinaison, et on le voit passer à la distillation ; mélangé avec l'acide chlorhydrique, il constitue l'eau régale.

L'acide azotique dissout facilement l'argent ; aussi, mélangé à volume égal avec l'eau, sert-il avec succès au lavage des glaces, pour enlever de leur surface toute réduction métallique. Je recommande aussi l'usage de l'eau acidulée avec l'acide azotique pour le lavage des cuvettes ; mais je pense qu'il doit être exclu du bain d'hyposulfite de soude, avec lequel on avait suggéré de le mélanger en très-petites doses, afin d'obtenir des tons plus noirs et plus harmonieux.

Acide chlorhydrique.

Le chlore et l'hydrogène ne s'unissent qu'en une seule proportion ; le résultat de cette combinaison est l'acide chlorhyrique.

On prépare le gaz acide chlorhydrique en traitant le chlorure de sodium par l'acide sulfurique concentré.

Cet acide, à l'état de pureté, est un liquide blanc, caustique, d'une odeur piquante très-forte. Exposé à l'air, il répand des vapeurs blanches abondantes, qui sont dues à la combinaison de l'acide avec la vapeur d'eau répandue dans l'air. Celui qu'on trouve dans le commerce est presque toujours impur, il est coloré en jaune par un peu de perchlorure de fer.

L'acide chlorhydrique précipite en flocons blancs les solutions des sels d'argent; ce précipité est du chlorure d'argent; ajouté, même à faible dose, dans le bain d'hyposulfite de soude, pour fixer les épreuves positives, il les dégrade vite et détruit les demi-teintes; son action se continue longtemps encore, après que les épreuves ont été retirées de ce bain, et je pense que son emploi compromet la durée de l'image.

Je ne l'emploie qu'à dose très-faible, avant le fixage, et combiné avec le chlorure d'or, encore, son action ne doit-elle être qu'instantanée.

M. Humbert de Molard a conseillé pour le papier positif le dépôt de chlorure d'argent, obtenu par cet acide. La formule est la même que celle avec le chlorure de sodium. Mais le chlorure d'argent ainsi obtenu a l'avantage de passer au noir par le moindre contact avec un sel de fer; et lorsque l'épreuve est faible, après le fixage et un lavage de quelques heures, on peut la ramener au noir par une immersion rapide dans une solution très-étendue de sulfate de fer.

Nous avons dit que les couleurs les plus brillantes de la lumière se traduisaient en photographie par du noir ; que le rouge, l'orangé, le jaune, étaient inactifs sur les substances sensibles. Il n'est peut-être pas sans intérêt de faire remarquer ce qui se passe, lors de l'exposition à la lumière d'un mélange d'hydrogène et de chlore. Ces deux gaz, qui, associés à volumes égaux, constituent le gaz acide chlorhydrique, ne paraissent pas avoir d'action l'un sur l'autre quand on les mêle dans l'obscurité, mais à la lumière diffuse, ils se combinent assez vite ; et à la lumière directe et vive, la combinaison est tellement instantanée, qu'elle s'annonce même par une détonation.

Si ce mélange d'hydrogène et de chlore est porté successivement dans les diverses parties du spectre solaire obtenu par le prisme, on s'aperçoit que les rayons placés au delà de la zone rouge sont inactifs, tandis que ceux de la zone violette déterminent la combinaison des deux gaz. Dans toute position intermédiaire, la rapidité de la réaction est d'autant plus grande, que le mélange se trouve plus près du violet et plus loin du rouge.

Ceci nous prouve que la lumière colorée détermine soit la combinaison du chlore avec un corps, soit sa séparation d'avec d'autres substances, suivant la place qu'elle occupe dans le spectre solaire, et suivant la nature des corps mis en présence.

Eau régale.

On appelle ainsi un mélange d'acide chlorhydrique et d'acide azotique. Les alchimistes lui donnèrent ce nom, parce que ce mélange jouit de la propriété de dissoudre l'or, qu'ils regardaient comme le roi des métaux.

L'eau régale, faite avec un volume d'acide azotique et trois volumes d'acide chlorhydrique, sert à faire dissoudre l'or pur et donne, après évaporation à siccité, un sel déliquescent qui n'est autre chose que le chlorure d'or.

Acide sulfurique.

Huile de vitriol.

L'acide sulfurique concentré est un des acides les plus énergiques que l'on connaisse. On l'emploie pour attaquer le nitre et en dégager l'acide azotique, quand on veut obtenir du coton fulminant. Il n'est pas hors de propos de recommander ici quelques précautions à prendre lorsqu'on fait du coton-poudre. Les vapeurs nitreuses qui s'exhalent pendant l'opération sont très-délétères, il faut donc se placer dans un local bien aéré ou à l'air libre. Quelques gouttes d'eau qui viendraient à tomber sur l'acide sulfurique concentré pourraient le projeter hors du vase et blesser l'opérateur; il faudra donc verser l'acide dans l'eau plutôt que l'eau dans l'acide; d'ailleurs, on n'aura pas souvent à mêler l'acide avec l'eau.

Azotate d'argent ou Nitrate d'argent.

L'argent se dissout facilement dans l'acide nitrique, ou azotique, si l'on évapore la liqueur, l'azotate d'argent cristallise, anhydre, sous forme de lamelles incolores et brillantes.

Le nitrate d'argent retient souvent de l'acide azotique nuisible au plus haut degré à la formation des images négatives ; l'azotate d'argent fondu est peut-être préférable en ce qu'il est à peu près débarrassé de toute acidité. Il est du reste assez facile de rendre neutre l'azotate d'argent par des cristallisations successives. Le nitrate d'argent, fondu en lingots, est connu sous le nom de *pierre infernale*, et sert en chirurgie comme cautérisateur.

Le nitrate d'argent est très-soluble dans l'eau. Le sel commun, le sel ammoniac, l'acide chlorhydrique et presque tous les composés chlorés précipitent sa solution et donnent du chlorure d'argent insoluble. Cette propriété a été mise à profit pour la préparation des papiers positifs.

Le chlorure d'argent est extrêmement sensible à l'action de la lumière, et passe à l'état métallique après une courte exposition aux rayons du soleil. Il est à peu près insoluble dans l'eau. L'acide chlorhydrique, l'alcali volatil, le cyanure de potassium, l'hyposulfite de soude, ont la propriété de le dissoudre.

11.

Chlorure d'or.

En dissolvant de l'or pur dans l'eau régale, on obtient une dissolution jaune qui, abandonnée à une évaporation lente, dépose des cristaux orangés d'une combinaison de sesqui-chlorure d'or et d'acide chlorhydrique. Cette solution, entièrement évaporée, perd son excès d'acide, et il reste une masse cristallisée déliquescente qui se dissout facilement dans l'alcool et l'éther.

De tous les perfectionnements apportés au daguerréotype depuis sa naissance, le plus important, sans contredit, est l'application du chlorure d'or au fixage des épreuves, application que l'on doit à M. Fizeau.

On a cherché depuis à détrôner cette substance en lui substituant ce que l'on a appelé le *sel d'or*. Il n'est pas un opérateur, aujourd'hui, qui ne sache à quoi s'en tenir sur cette prétendue amélioration, et qui ne rende au chlorure d'or, la préférence qu'il lui avait momentanément retirée.

Le chlorure d'or, acidulé par de l'acide chlorhydrique avant le fixage des positifs, et la solution de chlorure d'or et d'hyposulfite de soude après le fixage, sont indispensables pour obtenir de beaux tons et des épreuves bien fixées.

C'est à M. Legray que nous devons de les employer. Je me sers d'une solution de chlorure d'or acide, bien plus faible que celle indiquée par cet auteur. Quant au chlorure d'or alcalin, je l'emploie bien plus concentré.

Iode.

L'iode est solide à la température ordinaire ; il affecte la forme de paillettes d'un gris de fer foncé et d'un bel éclat métallique.

L'iode a une odeur pénétrante désagréable, ses vapeurs provoquent le larmoiement.

Il fut découvert en 1812 par Courtois.

On extrait l'iode des eaux-mères des salines, et aussi de l'iodure de sodium.

L'iode produit des vapeurs d'un violet très-foncé, leur emploi, en photograhie, date de l'époque où Daguerre obtint ses premières épreuves. C'est l'iode qui est encore aujourd'hui le seul corps générateur de l'image Daguerrienne.

Employé en solution alcoolique, et concurremment avec le brôme, il donne au collodion des qualités incontestables.

Il forme avec le cyanure de potassium une combinaison excellente pour enlever les taches de nitrate d'argent.

Brôme.

Le brôme est un corps simple, liquide, à la température ordinaire ; sa couleur est d'un rouge brun très-foncé : il a une odeur particulière très-désagréable, et agit, même à l'état de vapeur, comme poison sur l'économie animale, en attaquant les organes de la respiration.

Il a été découvert en 1826 par M. Balard. On peut l'extraire du bromure de sodium.

Il a de grands rapports avec l'iode et le chlore.

Le bromure d'argent est décomposé par la lumière. Le brôme accélère l'impression des plaques Daguerriennes préalablement iodées.

L'éther dissout le brôme en toute proportion : l'éther brômé, ajouté au collodion, donne à cette substance des qualités que l'iodure de potassium seul ne saurait lui procurer.

Chlorure de sodium.

Le sodium, corps simple, ne forme avec le chlore, autre corps simple, qu'une seule combinaison : c'est le chlorure de sodium, sel ordinaire de cuisine, qui prend aussi les noms de sel marin et de sel gemme, à cause de sa double origine ; les eaux de la mer en contiennent en effet une quantité énorme, et on le trouve aussi au sein de la terre en masse considérable, à l'instar des pierres siliceuses ou gemmes naturelles.

Dans les temps humides, il enlève de l'eau à l'atmosphère et se mouille, étant très-hygrométrique, propriété que n'a pas, à un si haut degré, le chlorhydrate d'ammoniaque, ce qui doit, en hiver surtout, faire donner la préférence à ce dernier sel, pour la préparation des papiers positifs.

Le chlorure de sodium, ainsi que tous les chlorures, a la propriété de précipiter en flocons blancs la solution aqueuse de nitrate d'argent.

Il est généralement employé en photographie pour le bain salé; il n'a, cependant, sur les autres chlorures qu'un seul avantage, celui d'être toujours et en tout lieu sous la main de l'opérateur photographe.

Chlorhydrate d'ammoniaque.

Sel ammoniac.

Le chlorhydrate est un sel résultant de la combinaison de l'acide chlorhydrique et d'une base. Les gaz chlorhydrique et ammoniac se combinent directement et volume à volume pour former un composé solide, le chlorhydrate d'ammoniaque, ou sel ammoniac.

L'on obtient la même combinaison en mêlant ensemble les dissolutions des deux gaz; le sel cristallise quand on évapore la liqueur.

Ce sel a la propriété de précipiter le nitrate d'argent à l'état de chlorure, et doit être préféré au chlorure de sodium, beaucoup plus hygrométrique et presque toujours impur.

Le sel ammoniac donne aussi aux positifs un ton noir préférable.

Iodure de potassium.

On obtient ce sel en dissolvant de l'iode dans une solution concentrée de potasse, jusqu'à ce que la liqueur se colore par un excès d'iode. En évaporant la liqueur à siccité et en calcinant le résidu dans un creuset de platine, on obtient l'iodure de potassium pur; il ne reste plus qu'à le redissoudre dans l'eau et à le faire cristalliser.

Si l'on verse une solution d'iodure de potassium dans une dissolution d'azotate d'argent, il se forme un précipité blanc-jaunâtre d'iodure d'argent. Nous savons que l'iodure et le chlorure d'argent ont la propriété de noircir, même à la lumière diffuse. Cette propriété a été mise à profit par les photographes qui en ont fait la base de leur art. Ainsi, soit que l'on fasse des négatifs sur papier, soit qu'on les fasse sur albumine ou sur collodion, c'est toujours le même agent chimique, l'iodure d'argent associé à l'azotate, qui forme la couche sensible où vient se peindre l'image négative.

L'iodure d'argent est insoluble dans l'eau, mais le cyanure de potassium, l'hyposulfite de soude et l'iodure de potassium le dissolvent facilement.

Iodhydrate ou hydriotate d'ammoniaque.

Iodure d'ammonium.

L'on prépare ce sel en mettant deux parties d'iode avec dix parties d'eau distillée dans un ballon de verre, et en ajoutant peu à peu une partie de limaille de fer.

Lorsque la combinaison s'est effectuée, on précipite le fer par une solution de carbonate d'ammoniaque, on filtre le liquide et on le fait cristalliser.

L'iodure d'ammonium est un sel peu fixe, on l'emploie cependant, et je le recommande pour les collodions servant à faire des positifs directs; il se dissout facilement dans le collodion additionné d'éther; ce collodion peut donc être sans alcool, et par conséquent plus tenace et plus propre à être enlevé de dessus la glace sans se déchirer.

Acide acétique cristallisable.

Vinaigre radical.

L'acide acétique est doué d'une odeur acide spéciale, forte et piquante, mais qui n'est pas désagréable, sa saveur est âcre et brûlante; il est toujours combiné avec l'eau, l'acide anhydre s'obtient avec beaucoup de difficulté. Selon Berzélius, l'acide acétique le plus concentré se compose de 85,11 d'acide et de 14,89 d'eau. Mais cette faible quantité d'eau ne nuit en rien à son action.

L'acide acétique est cristallisable à + 16°, il entre en fusion à cette température. Sa vapeur prend feu au contact de la flamme. Étendu de huit fois son poids d'eau, il remplace avec avantage le vinaigre employé à nos usages culinaires.

Le vinaigre n'est qu'une dissolution étendue d'acide acétique, qui contient en outre les principes non fermentescibles qui existaient dans les liqueurs alcooliques qui lui ont donné naissance. Si l'on se propose d'en retirer de l'acide acétique pur, il faut avoir recours à la formation d'acétates et à la décomposition de ces sels par l'acide sulfurique, etc., etc. On le prépare le plus ordinairement avec l'acide pyroligneux (*vinaigre de bois*) et on l'amène à un grand degré de concentration par le refroidissement et les cristallisations successives.

L'important n'est pas ici de savoir par quel procédé l'acide acétique est amené à son maximum de concentration ; il importe même peu qu'il soit très-concentré ; mais ce qui est indispensable, c'est qu'il soit parfaitement pur de toute trace d'acide sulfurique.

Plus d'un opérateur a dû ses insuccès à l'impureté de l'acide acétique.

Comme on sait qu'il est un agent retardateur en photographie, il est naturel d'en conclure que ce ne peut être que par erreur qu'on en a conseillé l'emploi dans le bain d'argent négatif, même à dose très-faible.

L'acide acétique est employé dans les procédés à l'albumine et au papier négatif en combinaison avec l'azotate d'argent.

On acidule aussi avec de l'acide acétique, la solution de protosulfate de fer, lorsqu'elle est employée comme agent révélateur.

Acide gallique.

On extrait l'acide gallique, par la macération dans l'eau, des noix de galle concassées, dont le tannin se trouve ainsi transformé en acide gallique, soluble dans l'alcool, qui le sépare des autres substances auxquelles il se trouvait associé. La noix de galle n'est pas un fruit, c'est une excroissance qui se forme sur les feuilles et les branches du chêne et qui provient de la piqûre d'un insecte, au moment où il y dépose ses œufs. Cette noix est de la grosseur d'une noisette, et se recueille en grande quantité à Alep, qui en fait un commerce considérable.

L'acide gallique se présente sous l'aspect de houppes soyeuses, blanches; il est employé en photographie comme agent révélateur; seul et en solution aqueuse saturée, il développe parfaitement l'image négative obtenue sur papier.

La même solution s'emploie comme agent préparateur sur albumine; on fait paraître l'image par une solution faible de nitrate d'argent, ou par un mélange d'acide gallique et de nitrate d'argent, aiguisé par quelques gouttes d'acide acétique.

Acide pyrogallique.

Cet acide est le résultat de l'action de la chaleur sur l'acide gallique; il est en petites houppes soyeuses blanches, d'un éclat vitreux.

C'est à M. Regnault de l'Institut, que nous devons l'emploi de cet acide en photographie qui en retire les plus grands avantages : il est d'une énergie remarquable comme agent révélateur, d'un emploi facile, et d'un prix peu élevé.

Hyposulfite de soude.

Depuis la découverte de la photographie ce sel a pris une grande importance ; il est, en effet, employé, à peu près exclusivement, pour dissoudre les iodures et les chlorures d'argent impressionnables, et restés inaltérés après leur exposition à la lumière. Quoiqu'il ne soit par le seul agent chimique qui jouisse de cette propriété dissolvante, il n'en a pas moins prévalu sur tous les autres, et il faut avouer qu'il a mérité cette préférence.

L'action de l'hyposulfite de soude sur l'épreuve positive, se fait sentir visiblement dès le premier quart d'heure ; si l'on regarde le papier par transparence, on le voit alors piqueté de noir ; c'est un précipité métallique qui disparaît à mesure que l'action dissolvante se prolonge ; il faut bien attendre, avant de retirer l'épreuve du bain, que ce *poiré* ait entièrement disparu. L'épreuve n'est réellement fixée qu'à ce moment.

On doit employer ce bain sans mélange d'acides, sans mélange d'argent, dans son état simple ; en un mot, les bains neufs sont les meilleurs, ils peuvent fixer une vingtaine d'épreuves. L'hyposulfite de soude enlève le chlorure d'argent libre, et quelques opérateurs prétendent qu'il change en sulfure d'argent le chlorure qui a été décomposé par la lumière.

Employé à l'état de saturation, il enlève complétement l'iodure d'argent des négatifs sur collodion et les laisse avec leur belle transparence ; employé en solution faible, au contraire, il paraît fixer l'iodure sans l'enlever, et permet quelquefois de conserver des clichés qui, à cause de la grande transparence des ombres, auraient donné des positifs durs et privés de demi-teintes.

On prépare l'hyposulfite de soude en dissolvant du soufre dans une dissolution chaude et concentrée de sulfite de soude, jusqu'à ce que celle-ci en soit saturée ; abandonnée à l'évaporation, la li-

queur laisse déposer l'hyposulfite de soude sous
la forme de gros cristaux transparents.

Cyanure de potassium.

Le mot cyanure indique un composé de cyanogène et d'un corps simple. Le cyanogène se compose de carbone et d'azote. On distingue les cyanures en cyanures métalliques, et en cyanures al-
calins, on les spécifie ensuite par le nom du
corps qui les constitue, et l'on dit cyanure d'argent, cyanure d'ammoniaque, cyanure de potassium, etc., etc.

Il y a aussi des cyanures doubles qui résultent
de la combinaison de deux cyanures simples.

Nous avons vu que, pour donner plus d'éclat
à un positif par réflexion, pour lui ôter cette teinte
grise qui nuit tant à ce genre de photographie, il
était indispensable de terminer l'épreuve en la
traitant par le cyanure de potassium et d'argent.

On prépare ordinairement le cyanure de potassium en décomposant par la chaleur rouge le cya-

nure double de potassium et de fer, communément appelé prussiate de potasse. Le cyanure de potassium est blanc; il attire fortement l'humidité de l'air et possède, au plus haut degré, la propriété de dissoudre l'iodure et le chlorure d'argent.

Quelques opérateurs l'emploient en solution faible pour fixer les négatifs sur collodion; son action, toujours trop énergique, ne le rend guère propre à cet usage. Je ne lui reconnais qu'un emploi utile, celui où il vient en aide pour faire disparaître une épreuve positive et constater la retouche.

Combiné avec l'iode il forme un excellent spécifique pour enlever les taches de sels d'argent; encore son action toxique bien connue ferait-elle désirer qu'on lui substituât quelque substance moins dangereuse.

Ammoniaque liquide ou Alcali volatil.

L'ammoniaque est un gaz incolore, transparent, d'une saveur caustique, d'une odeur forte et pénétrante qui provoque le larmoiement.

L'ammoniaque jouit des propriétés alcalines. Elle est formée par la combinaison de l'hydrogène et de l'azote; et comme elle affecte, à l'état anhydre la forme gazeuse, on lui a donné le nom d'alcali volatil.

M. Humbert de Molard, qu'il faut toujours citer quand il s'agit d'une amélioration apportée aux procédés photographiques, l'a déjà fait entrer depuis longtemps dans la préparation des papiers négatifs comme agent accélérateur. L'on a essayé, avec quelque succès, son emploi dans la décoloration des collodions acides, mais je pense qu'on doit en être très-sobre. On doit la mêler avec le collodion environ dix heures avant de l'employer; ce temps est nécessaire à la combinaison; son action cesse de se faire sentir après huit jours, soit qu'elle se combine avec quelque acide libre, soit qu'elle se volatilise.

L'ammoniaque dissout parfaitement le chlorure d'argent et peut servir à fixer les épreuves positives auxquelles elle donne un ton rouge qui n'est pas sans mérite.

12.

Azotate de potasse.

Nitre ou salpêtre.

L'azotate de potasse porte vulgairement dans le commerce le nom de nitre ou de salpêtre et se rencontre tout formé dans la nature. On peut le fabriquer artificiellement, en combinant l'acide azotique avec la potasse.

L'azotate de potasse est un corps oxydant très-énergique. La poudre à canon résulte du mélange intime de salpêtre, de charbon et de soufre.

L'acide sulfurique et l'azotate de potasse mélangés, agissant pendant quelques minutes sur du coton ou du papier, leur communiquent une grande énergie balistique; la découverte de ce fait appartient à M. Schœnbein de Bâle. Le collodion n'est autre chose que le coton-poudre dissous dans l'éther.

J'ai isolé à dessein, et porté à la fin de ce traité, une substance qui est le sujet de vifs débats entre

les photographes : je veux parler du sulfate de fer ;
j'avais même résolu de l'en éliminer. Son emploi,
cependant, peut être utile aux rares amateurs des
positifs directs, pour obtenir des images plus uni-
formes de ton et plus douces.

Sulfate de protoxyde de fer.

Couperose verte ou Vitriol vert.

On le prépare en dissolvant du fer métallique
dans de l'acide sulfurique étendu. Il cristallise en
gros cristaux, d'un vert bleuâtre, analogue à la
couleur du béril. Ce sel s'altère facilement au
contact de l'air, et donne du sulfate basique de
peroxyde de fer, qui ne peut plus agir sur les sels
d'argent.

Depuis l'emploi du collodion, des débats assez
vifs se sont élevés au sujet de deux agents révélateurs, sulfate de fer et acide pyrogallique.

Je crois qu'il n'est plus permis aujourd'hui d'hé-
siter, l'acide pyrogallique doit être préféré, et

pour plusieurs raisons : avec ce dernier, jamais de taches ; épreuve toujours amenée au point voulu ; agent bien plus énergique ; combinaisons à volonté. Depuis plus de deux ans je n'ai pas manqué une seule épreuve, grâce à l'acide pyrogallique, et j'ai pourtant produit plus de deux mille épreuves, mes élèves en ont obtenu plus de cinq mille.

Jamais avec le sulfate de fer je n'ai eu une épreuve complète et satisfaisante.

PHOTOGRAPHIE OPTIQUE.

CHAPITRE XXI.

Photographie optique.

L'agent principal dans les opérations de la photographie, étant la lumière, et l'appareil fondamental qu'elle emploie, étant un appareil optique, il est nécessaire que le photographe acquière une idée assez nette des propriétés de ce merveilleux agent et des phénomènes qui se produisent suivant les différentes conditions dans lesquelles on le fait agir ; suivant les instruments par lesquels on le met en action, etc....

Nous n'entendons pas écrire ici un traité d'optique, nous n'entendons pas même passer en revue les différentes propriétés de la lumière. Ce que nous allons dire sera, avant tout, une instruction relative à l'emploi de la *chambre noire*, que le photographe doit connaître, non-seulement par pratique, mais un peu aussi par voie de théorie. Entrons donc en matière, sans autres préambules, et disons quelques mots des propriétés de la lumière en général, nous réservant le soin de traiter plus tard ce sujet *in extenso*, et de donner une définition complète de l'agent lumineux, que nous nous contenterons d'étudier, aujourd'hui, dans ses effets photographiques.

La lumière peut avoir deux origines : ou elle appartient au corps lui-même que l'on considère, ou bien celui-ci l'emprunte à d'autres corps. Dans le premier cas, le corps d'où elle émane s'appelle *lumineux*, dans le second, on le nomme corps *éclairé*.

Nous ne possédons qu'un organe, l'œil, pour juger de la lumière ; aussi, quand cet organe est malade, jugeons-nous très-imparfaitement des impressions lumineuses. Quoique tous les yeux ne soient pas constitués absolument de même, il est facile de constater que la grande majorité des hommes donne les mêmes noms aux mêmes accidents de lumière. Ainsi les rayons blancs sont blancs pour le plus grand nombre, les rouges sont rouges, les verts, verts, etc., etc. Nous pouvons donc, sans crainte d'erreur, affirmer, par exemple, avec la majorité, que la lumière qui nous vient d'un nuage bien éclairé et assez élevé au-dessus de l'horizon, est blanche, que la lumière réfléchie par la neige est blanche, etc., etc.

Eh bien ! si cette lumière blanche rencontre certains corps sur son passage, elle peut les traverser ou en être renvoyée. Lorsqu'un corps se laisse traverser par la lumière on le dit *transparent*, s'il la force à rebrousser chemin, on l'appelle *opaque*. Toutefois, les corps transparents, même les plus purs, réfléchissent une certaine quantité de lumière, mais cette quantité est si faible, par rapport à celle qui les traverse, qu'on peut la négliger dans presque tous les cas de la pratique. Les corps opaques ne sont pas non plus d'une opacité absolue. Nous ne dirons rien ici de la lumière renvoyée ou réfléchie, elle n'intéresse guère le photographe que sous le point de vue de l'éclairement du modèle, et nous avons déjà traité cette question dans la première partie de notre livre.

Arrêtons-nous un peu sur les propriétés de la lumière transmise. La lumière *blanche* qui passe à travers les corps transparents, reste blanche, ou se colore suivant la nature du corps qui lui livre passage et suivant la forme de ce corps. Tout le monde sait qu'une couche, pas trop épaisse, d'eau laisse passer la lumière sans la colorer, une masse d'eau de deux ou trois mètres de longueur donne au contraire de la lumière verte; le diamant, le cristal de roche, n'altèrent pas la blancheur des rayons lumineux ; l'émeraude les teint en vert, le rubis en rouge, le saphir en bleu, l'améthyste en violet, la topaze en jaune, etc., etc. Mais indépendamment de la nature propre du corps transparent, nous avons dit que sa forme aussi contribuait à la coloration de la lumière. Si l'on regarde en effet un nuage blanc à travers un prisme ou bâton triangulaire en cristal, on s'aperçoit que les couleurs les plus vives ont pris la place de la blancheur, sans pourtant que le cristal eût par lui-même aucune coloration sensible. Cela tient à l'action de la forme du corps transparent sur les rayons de lumière.

Une plaque du même cristal, polie à faces parallèles, n'aurait pas altéré la blancheur du nuage. Le phénomène par lequel un verre prismatique fait naître des couleurs dans la lumière blanche s'appelle *dispersion;* il nous prouve que le *blanc* est le résultat du mélange de toutes les couleurs que le prisme sépare. Si l'on fait entrer dans une chambre bien noire un rayon de lumière blanche par un trou pratiqué dans un volet, et si l'on met un prisme de verre sur le trajet de ce rayon, on voit se produire deux effets parfaitement distincts. 1° Le rayon, au lieu de marcher en droite ligne suivant la direction qu'il avait d'abord, se brise et se replie derrière le prisme, soit vers le haut, soit vers le bas, suivant que l'arête formée par les deux faces traversées par la lumière est en bas ou en haut ; 2° au lieu d'avoir sur le mur opposé au trou une image de celui-ci déplacée, comme nous venons de le dire, mais blanche, on y voit paraître une longue bande, colorée des plus vives nuances, disposées dans l'ordre suivant : rouge, orangé, jaune, vert, bleu, violet ; le rouge d'un côté et le violet de l'autre étant fondus dans l'obscurité. Le déplacement du rayon est dû à la *réfraction,* les couleurs proviennent de la *dispersion* opérée par le *prisme*. Or, si l'on veut bien faire attention à la forme d'une *lentille* à bords tranchants et à centre renflé, on s'apercevra qu'elle n'est, en définitive, qu'un assemblage d'une infinité de prismes à faces courbes, disposés tout autour d'un centre; elle doit donc présenter les mêmes phénomènes que les prismes. En effet, une lentille infléchit les rayons qui la traversent, et donne un anneau teinté de couleurs magnifiques, d'autant plus étendues et plus vives, que la lentille est plus bombée à son milieu. Si l'on place un point lumineux devant une lentille convexe, et que l'on promène un verre dépoli derrière la lentille, on finit par trouver le plus souvent un endroit appelé *foyer*, où l'image du point lumineux se peint nettement sur la face dépolie du verre. En deçà et au delà du foyer, il y a bien encore une image du point, mais confuse et baveuse. Si le point est blanc et la lentille une lentille ordinaire, on ne trouve plus d'image parfaitement nette du point rayonnant; celle que l'on obtient étant toujours entourée d'auréoles ou de cercles colorés. Si le point était violet, d'une couleur violette pure, on trouverait son image plus près de la lentille que si le point était rouge. Pour des points orangés, jaunes, verts et bleus, leurs *foyers* seraient entre ceux du rouge et du violet. Il résulte de là que le point blanc étant composé de toutes ces couleurs, donne des images nettes situées à des distances différentes derrière la lentille, et correspondant chacune à une des nuances infinies comprises entre le violet et le rouge; mais comme une seule de ces images est nette à la fois, et que toutes cependant se peignent ensemble, il en résulte que leur mélange est toujours diffus et frangé. On peut faire disparaître ces franges par un artifice que l'on a désigné sous le nom d'*achromatisation* (1) des lentilles, et qui consiste essentiellement dans l'emploi de deux ou de plusieurs substances différentes, à la confection des verres lenticulaires. Une lentille *achromatisée* n'a qu'un seul foyer pour toutes les couleurs, et les images qu'elle donne ne présentent plus de bavures ni d'auréoles colorées.

---

(1) L'achromatisme est une correction des effets de la dispersion des rayons lumineux qui s'obtient en les faisant passer à travers des corps de forces dispersives différentes. Dollond obtint ce résultat en formant des lentilles de deux morceaux de verre superposés, l'un de *crown-glass* et l'autre de *flint-glass*, dont les pouvoirs dispersifs sont différents. Ces objectifs, formés de *flint* et de *crown*, reçurent de Bevis le nom d'achromatiques.

Ce que nous venons de dire d'un point, peut s'entendre aussi de corps quelconques, dont la surface est un assemblage de points engendrant ou réfléchissant de la lumière. On trouvera donc les images des objets extérieurs derrière une lentille, et ces images seront irisées dans le cas d'une lentille ordinaire, et nettes si la lentille a été rendue *achromatique*.

Pour une même lentille, la position de l'image ou du foyer varie avec l'éloignement de l'objet qui doit s'y peindre. Si l'objet est tout près de la lentille, on ne trouve plus d'image ; mais en l'éloignant peu à peu, arrive un moment où cette image commence à paraître. Seulement, elle est alors à une distance presqu'infinie derrière la lentille. Peu à peu, au fur et à mesure que l'objet s'éloigne, l'image se rapproche, d'abord très-vite, puis avec une extrême lenteur, jusqu'à ce que l'objet, étant assez éloigné, son image ne change plus de place d'une manière sensible, quoiqu'on vienne à l'éloigner davantage. Cet endroit, où l'image paraît s'arrêter derrière la lentille, où les rayons du soleil, par exemple, vont former un petit disque ardent et lumineux, s'appelle le *foyer principal* ; et quand on dit dans le commerce lentille ou objectif de 6 pouces, d'un pied, de 3 décimètres, etc., etc., de foyer, on entend parler d'une lentille qui donne une image nette des objets très-éloignés, à 6 pouces, à un pied, à 3 décimètres derrière sa surface postérieure.

La grandeur des images diminue pour une même lentille, à mesure que l'objet s'éloigne, et continue de diminuer lors même que le foyer ne paraît plus changer de place; mais alors la diminution est extrêmement peu sensible.

D'après ce que nous venons de dire, on comprendra aisément que l'image d'un corps en relief ne peut jamais être complétement nette à un seul foyer, car les diverses parties d'un corps se trouvent nécessairement à des distances différentes. Il n'y aura donc de netteté absolue que pour les images des objets situés sur un seul plan, ou fort loin de l'endroit occupé par la lentille. On peut toutefois parer à cet inconvénient, du moins en partie, en couvrant les bords de la lentille par des anneaux en carton noirci, que l'on appelle des *diaphragmes*. Plus l'anneau est large et la partie centrale et découverte de la lentille est petite, et plus les images qu'elle donne sont nettes et bien définies; mais aussi elles sont de moins en moins éclairées, en sorte que l'avantage du diaphragme disparaît lorsqu'on veut obtenir des impressions rapides, des portraits, par exemple, qui exigent des flots de lumière très-intense.

Il y a en outre un défaut assez grave attaché aux objectifs combinés ou objectifs pour portraits, même *achromatiques*, et que la science n'a pas encore réussi à faire disparaître entièrement. Ce défaut est bien connu des photographes sous le nom de *foyer chimique*. Nous avons dit, en commençant, qu'un prisme donne une image oblongue et vivement colorée d'un trou ou d'une fente livrant passage aux rayons lumineux. Cette image aux vives couleurs s'appelle le *spectre solaire* ou simplement *le spectre*. Lorsqu'on met du chlorure d'argent à l'endroit où le spectre se dessine avec beaucoup de netteté, on voit, au bout d'un certain temps, que le chlorure a été décomposé bien plus à fond aux endroits moins lumineux qu'à ceux qui nous paraissaient éblouissants. Ainsi le rouge n'aura pas laissé de traces, l'orangé ni le jaune non plus, le vert aura marqué à peine, le bleu se sera fait sentir davantage, et le violet paraîtra avoir agi avec beaucoup d'énergie; mais ce qu'il y a de plus curieux, c'est que l'on trouvera une bande

noire très-marquée sur le chlorure d'argent là où
la lumière n'était plus sensible pour nous, au delà
du violet, dans l'obscurité absolue, du moins relativement à notre œil. Le maximum d'action
photogénique paraît donc être au milieu du
violet; mais si l'on remplace le chlorure d'argent par une autre substance sensible, on n'obtient
plus tout à fait les mêmes résultats. Ce *maximum*
se déplace, et peut même se porter de l'autre côté
du spectre. Il faut donc conclure de ce que nous
venons d'exposer qu'il y a, la plupart du temps,
lumière photogénique là où nous n'en voyons
point, et qu'il n'y en a souvent pas là où il nous
semble qu'il s'en trouve davantage. Ceci nous ra-
mène à la question de l'*achromatisme*. Nous disions
alors que le but de l'achromatisation c'était de
réunir en un seul les foyers des rayons rouges.....
violets, séparés par les lentilles ordinaires ; mais
s'il y avait des rayons invisibles au delà du violet,
dont l'opticien achromatiseur n'eût pas tenu
compte, il en résulterait que la lentille, très-achro-
matique pour un œil ordinaire, ne le serait plus
du tout pour un organe pouvant apercevoir les
rayons invisibles négligés par le constructeur de la
lentille. — Or, c'est ce qui arrive précisément tous

13.

les jours dans la photographie. Les plaques, les papiers ou les collodions sensibles représentent ces yeux anormaux dont nous venons de parler : un objectif, irréprochable pour l'œil de l'homme, n'est plus achromatique pour les sels d'argent; il donne des images frangées là où elles nous semblaient fort nettes sur le verre dépoli, et il faut chercher par des tâtonnements l'endroit convenable où la substance sensible doit être placée pour que l'image s'y imprime avec toute la netteté désirable. Cet endroit, trouvé à peu près pour un objet situé à une certaine distance, n'est plus le même lorsque l'objet vient à changer de place; il serait presqu'impossible de corriger, par des graduations pratiquées sur le *tube objectif*, les erreurs de *foyer* provenant de ces différences. Ajoutons à cela que l'*achromatisation* peut porter le foyer chimique tantôt au delà, tantôt en deçà du foyer optique ou visible. Heureusement, il y a des opticiens (1) qui sont parvenus à construire des verres n'ayant à peu près qu'un seul foyer et pour l'œil et pour les

---

(1) M. Maugey, opticien, quai Napoléon, 27, mérite d'être recommandé aux photographes.

substances impressionnables usuelles. Nous recommandons aux photographes l'emploi de ces objectifs à foyer unique de préférence à tous les autres, car on sera d'autant plus sûr d'obtenir de bons résultats, qu'on laissera beaucoup moins de place à l'arbitraire dans la position de la lentille relativement au corps à impressionner.

Terminons ce petit chapitre d'optique par quelques mots sur la chambre obscure. D'après ce qui vient d'être dit, il est facile de se faire une idée du jeu de la lentille, qui, sous le nom d'*objectif*, occupe la paroi antérieure de la boîte en bois nommée *chambre noire*. L'objectif est enchâssé dans un tube qui glisse dans un autre, et peut être enfoncé ou retiré au moyen d'une crémaillère et d'un bouton molleté, afin de mettre la lentille à la distance convenable du fond de la boîte où l'image doit se peindre. Ce fond ou paroi, faisant face à la lentille, est occupé d'abord par une glace dépolie, plus tard, par la plaque, le papier ou le verre sensibles, contenus dans des châssis glissant à frottement doux entre deux coulisses verticales pratiquées dans l'épaisseur de la boîte. Afin de bien mettre au foyer, on place la chambre noire sur son pied, on braque l'objectif sur l'objet que l'on veut reproduire;

puis, s'abritant sous un drap noir jeté sur la boîte et couvrant la tête et le dos de l'opérateur, on cherche à amener à sa plus grande netteté l'image sur le verre dépoli, en déplaçant d'abord le fond de la boîte, qui est mobile, et terminant la mise au foyer à l'aide du bouton à crémaillère. Une fois l'image bien nette obtenue, il ne reste plus qu'à retirer le verre dépoli, à boucher avec un obturateur l'ouverture de l'objectif, placer les châssis et opérer comme nous avons dit dans la première partie de cet ouvrage.

APPAREILS.

CHAPITRE XXII.

Appareils, produits chimiques, etc.

Une chambre noire portant deux coulisses à objectifs.

Un objectif pour portraits.

Un objectif pour paysage.

Un pied porte-appareil articulé, avec planchette munie de deux crochets pour maintenir la chambre noire.

Boîtes à glaces.

Un support à vis calantes.

Un châssis-presse pour positifs.

Une éprouvette ou verre gradué de 125 g.

Une éprouvette ou verre gradué de 25 g.

Une balance à bascule.

Glaces.

Une cuve verticale en cristal, pour bain négatif, ou une cuvette plate en gutta-percha à bords élevés.

Une cuvette pour le bain de sel.

Une cuvette pour le bain d'argent positif.

Une cuvette pour le bain d'hyposulfite.

Une cuvette pour le bain de chlorure d'or.

Une cuvette pour le lavage à l'eau.

Six entonnoirs.

Papier-filtre.

Lampe de marine.

Papier buvard.

Papier pour positif.

Acide acétique cristallisable.

Acide azotique.

Acide pyrogallique.

Acide chlorhydrique.

Alcool de vin.

Ammoniaque pure.

Azotate d'argent.

Blanc de craie Lévigé.

Chlorhydrate d'ammoniaque.

Chlorure d'or en cristaux.

Collodion pharmaceutique.

Cyanure de potassium.

Eau distillée.

Hyposulfite de soude.

Iodure d'ammonium.

Iodure de potassium.

Et pour faire le coton soluble :

Acide sulfurique pur.

Azotate de potasse purifié.

Coton cardé en rame.

FIN.

TABLE DES MATIÈRES.

Du papier positif et des épreuves. — Préparation du papier.

——◆◑◐——

FAUTE A CORRIGER.

Page 77, ligne 10, au lieu de : *Vous placer*, etc., lisez : *Ayez soin de placer votre appareil au moins*, etc.

COSMOS

REVUE ENCYCLOPÉDIQUE

HEBDOMADAIRE

DES SCIENCES, DES ARTS ET DE LA PHOTOGRAPHIE

Rédigée par **M. l'abbé MOIGNO**,

Et dirigée par **M. A. TRAMBLAY**.

TROISIÈME ANNÉE. — 4ᵉ ET 5ᵉ VOLUMES

Aujourd'hui que chacun se faisant photographe, l'art merveilleux de la Photographie progresse d'une manière si rapide, qu'il serait presque impossible de croire à son origine toute moderne, nous sommes heureux d'annoncer que le Cosmos, Revue encyclopédique hebdomadaire, rédigée par M. l'abbé Moigno, et dirigée par M. A. Tramblay, publiera régulièrement, dans chacun de ses numéros, un article de Photographie.

Le directeur de cet excellent Recueil espère que MM. les Photographes le seconderont dans ses efforts par d'intéressantes communications. Photographe lui-même, il pourra facilement apprécier ce qui se fera et provoquer de nouveaux progrès, par une discussion basée sur de saines théories.

Prospectus.

Aujourd'hui, le *Cosmos* n'a plus besoin de prospectus : depuis deux ans qu'il poursuit sa carrière, il est entré dans les habitudes de ses lecteurs ; il est devenu, pour ainsi dire, un besoin scientifique. Cependant, si le succès a dépassé nos espérances, ce ne sera pas pour nous un motif de ralentir notre ardeur et les efforts que nous avons faits pour mériter les témoignages sympathiques qui nous arrivent de toutes parts. Loin de là, et nous le disions dernièrement, nous sentons que nous n'avons pas encore rempli toutes nos promesses ; nous avouons même que notre apprentissage n'est pas terminé. Nous ferons donc sans cesse de nouveaux pas vers la perfection, nous tiendrons de plus en plus au courant de tout ce qui se fera d'utile, nous continuerons de signaler tous les progrès de la science pure et appliquée, à mesure qu'ils se produiront, en France ou à l'étranger ; et, en les signalant, nous les discuterons, les jugerons, en rappelant le passé, en provoquant des progrès nouveaux dans l'avenir.

Nous analyserons toujours avec le plus grand soin les travaux de l'Académie des sciences, des autres Sociétés savantes de la France, de la Société royale de Londres, de l'Association britannique, des Académies d'Edimbourg, de Dublin, de Bruxelles, de Saint-Pétersbourg, de Berlin, de Vienne, de Rome, de Madrid, etc. ; nous dépouillerons avec soin et clarté les journaux scientifiques d'Europe et du nouveau continent : les *Annales de chimie et de physique*, les *Bulletins de la Société d'encouragement* et de la *Société impériale et centrale d'agriculture*, le *Philosophical Magazine*, l'*Edimbourg Review*, le *Mecanic's Magasine*, l'*Athenœum*, la *Literary Gazette*, les *Annales de*

Poggendorff, les *Annales de chimie et de pharmacie*, le *Journal polytechnique de Dingler*, la *Bibliothèque universelle de Genève*, la *Correspondenza scientifica di Roma*, les *Annali di Tortoloni*, le *Giornale fisico-chimico de l'abbé Zantedeschi*, le *Journal américain des sciences et des arts de Silliman*, le *Scientific american Journal*, etc

Nous voulons que les pages du *Cosmos* soient de vraies archives d'honneur pour les savants et les industriels dont nous enregistrons avec bonheur les noms ; qu'aucun autre recueil n'offre à ces noms honorables une publicité plus enviée, et la renommée méritée qui en est la suite.

Le plus difficile, l'impossible presque, mais nous en viendrons à bout à force d'efforts et de soins, c'est de rédiger notre feuille de telle sorte qu'elle intéresse vivement les savants sans fatiguer les amateurs ; qu'elle instruise les esprits simplement éclairés, sans dégoûter les maî tres de la science ; qu'elle soit utile à tous, agréable à tous, indispensable à tous les amis du progrès.

LE COSMOS

Paraît chaque vendredi par livraison d'une feuille double raisin (32 pages grand in-8°), avec sommaire raisonné. Des gravures intercalées dans le texte facilitent l'intelligence des descriptions scientifiques.

Il forme tous les ans deux beaux volumes grand in-8°, de 8 à 900 pages chacun, et accompagnés d'une double table, alphabétique par ordre des matières, alphabétique par noms d'auteurs.

On trouve chez M. A. Tramblay, 18, rue de l'Ancienne-Comédie, l'année du journal la *Lumière*, publiée par M. de Monfort (journal qui a précédé le *Cosmos*), au prix de 5 fr., broché.

On y trouve aussi les trois premiers volumes du *Cosmos*. Prix de chaque volume, broché, 10 fr.

CONDITIONS D'ABONNEMENT.

PARIS (1) *franco :*

Pour un an (janvier à décembre). . . . . . . 20 fr.
Pour six mois. . . . . 13 fr.

DÉPARTEMENTS (2) *franco :*

Pour un an (janvier à décembre). . . . . . 23 fr.
Pour six mois. . . . . 14 fr.

ÉTRANGER (3) *frais de poste compris :*

Pour un an (janvier à décembre). . . . . . 25 fr.
Pour six mois. . . . . 15 fr.

NOTA. — 10 fr. en plus pour la Toscane, les États-Romains et le royaume des Deux-Siciles, à cause des nouvelles conventions postales.

(1) On s'abonne à Paris, aux bureaux du *Cosmos*, 18, rue de l'Ancienne-Comédie.

(2) Pour les départements, prendre un bon sur la poste, et l'envoyer, franco, à M. A. Tramblay, propriétaire et gérant du *Cosmos*, 18, rue de l'Ancienne-Comédie, ou bien s'adresser aux libraires ou aux directeurs des postes ou des messageries.

(3) Pour l'étranger, s'adresser aux correspondants du *Cosmos*, dans les principales villes de l'Europe.

Tout ce qui concerne l'administration et la rédaction du journal doit être adressé franco à M. A. Tramblay.

Imprimerie de W. Remquet et Cie, rue Garancière, n. 5.

COSMOS

REVUE ENCYCLOPÉDIQUE

HEBDOMADAIRE

DES SCIENCES, DES ARTS ET DE LA PHOTOGRAPHIE

Rédigée par M. l'abbé MOIGNO.

Et dirigée par M. A. TRAMBLAY.

5e ANNÉE. — TOME 7e. VOLUMES.

CONDITIONS D'ABONNEMENT

PARIS : un an.		20 fr.
six mois		13
DÉPARTEMENTS : un an.		23
six mois..		14
ÉTRANGER : un an.		25
six mois		15

Bureaux à Paris,

18, Rue de l'Ancienne-Comédie.

Imprimerie de W. Remquet et Cie, rue Garancière, n. 5.

 www.ingramcontent.com/pod-product-compliance
Ingram Content Group UK Ltd.
Pitfield, Milton Keynes, MK11 3LW, UK
UKHW022335090726
13658UKWH00001B/291